마가복음 새롭게 읽기

- 집단영성에서 개별영성으로 -

written by Joo Won Gyu

새들녘

마가복음 새롭게 읽기 - 집단영성에서 개별영성으로
지은이 : 주원규(Joo Won Gyu)
1판 1쇄 펴냄 : 2012년 5월 1일
펴낸이 : 강병욱
펴낸곳 : 새들녘
출판등록 2009년 2월 27일(제2009-18호)
주소 : 서울시 강남구 논현동 111-23 1층
전화 : 070-8699-4153 / FAX : 0303-3442-7400
E-mail : sdnpress@daum.net
ISBN 978-89-962415-7-7 03230

마가복음 새롭게 읽기

- 집단영성에서 개별영성으로 -

written by Joo Won Gyu

마가복음 새롭게 읽기 - 집단영성에서 개별영성으로
지은이 : 주원규(Joo Won Gyu)
1판 1쇄 펴냄 : 2012년 5월 1일
펴낸이 : 강병욱
펴낸곳 : 새들녘
출판등록 2009년 2월 27일(제2009-18호)
주소 : 서울시 강남구 논현동 111-23 1층
전화 : 070-8699-4153 / FAX : 0303-3442-7400
E-mail : sdnpress@daum.net
ISBN 978-89-962415-7-7 03230

들어가는 말

오늘의 한국교회는 침몰하는 난파선과 같이 총체적 위기에 직면해 있습니다. 부패의 극한을 뻔뻔스럽게 자행하면서도 이것이 신의 뜻이라며 야만의 깃발을 휘두르는 교회 지도자들과 그들을 따르는 이들의 세력화된 모습이 오늘의 한국교회를 사로잡은 쓸쓸한 몰락의 풍경일 것입니다.

전체가 하나가 된 뜻 아래 모여 결속력을 과시하는 이른바 집단영성은 얼핏 보면 신의 사랑을 함께 나누는 감동적인 공감의 터전이 되어주기도 합니다. 그러나 역사를 통해 본 집단영성은 홍위병이나 십자군의 노예들처럼 시스템의 치명적 한계를 견제하고 대안을 제시하는 능력을 거세시키기도 합니다. 그 결과는 무엇일까요. 결국 집단영성은 교회를 거대한 종교집단으로 만들어 무비판적 무소불위의 권력기관으로만 존재하게 만드는 성서가 말하는 최악의 죄악을 자행하고야 말 것입니다.

본 책자는 예수의 맨얼굴을 오롯이 담고 있는 마가복음 이야기를 담고 있습니다. 또한 이 책자는 마가복음에 나타난 기존 질서와 일반 개념 인식에 대한 해체를 추구한 예수의 집념과 진정성을 이해하고 참된 공동체를 이뤄내기 위한 개별영성의 주체적 발견을 모색하는 뉴스앤조이 신학마당 에르고니아 신학강좌를 토대로 집필된 것입니다. 현장에서 느꼈던 다양한 신학적 견해들과 수강생 여러분들의 의견을 조합해서 구성한 졸저를 통해 모쪼록 참된 생명의 발견이 집단을 통한 매개와 산파를 통함이 아닌 신 앞에 선 '나'가 신과 조우하는 전우주적 생명을 품을 수 있는 단초가 되길 기대해봅니다.

그러한 취지에서 구성된 본 책자의 특징은 다음과 같습니다.

1. 마가복음에 나타난 예수의 생애와 사건들을 이야기 순서대로 살펴봄으로서 예수가 걸어간 십자가의 길이 갖는 보편적 메시지를 조명합니다.

2. 타 공관복음에 비해 예수 가르침과 생애에 가장 역동적으로 천착하는 감성을 담은 마가복음 이야기를 통해 예수가 우리의 메시아, 그리스도가 될 수 있는 존재론적 차원에서의 당위성을 예수 자신의 어록을 통해 성찰하고 확인하는 내용들로 구성되었습니다.

3. 자칫 딱딱한 학문연구로만 비출 수 있는 원전을 오늘 우리의 언어로 이해할 수 있도록 풀이해 놓아 신약성서의 구성 언어인 희랍어(코이네 헬라어)에 대한 관심이 부족한 분들도 무리 없이 마가복음 이야기를 접할 수 있도록 배려했습니다.

4. 본 강좌에 제시된 마가복음 인용 본문들은 원문의 의미를 최대한 살릴 수 있도록 현대인의 성경과 바른 성경을 적절히 인용했음을 밝힙니다.

서대문에서

주원규

* 본 책자는 새민족교회와 동서말씀교회 교우 여러분의 지원으로 제작되었습니다.

INDEX

집단영성에서
개별영성으로

"마가복음 새롭게 읽기
– 집단영성에서 개별영성으로"
강의 소개 글
(뉴스앤조이 신학마당 에르고니아 제4기 강좌)

Q1. 강좌 타이틀에 대해 간략한 설명 부탁드립니다.
   ('집단영성에서 개별영성으로-마가복음 새롭게 읽기'
   라고 이름 지은 이유)

오늘의 한국교회가 성서를 읽고 대하는 방향은 그 주류가 교회란 특정 기관을 통해 여과되고 검열된 프로그램에 의해 진행된다고 봐도 과언이 아닙니다. 특정 교회나 교단이 마련해 놓은 프로그램과 교육과정에 의해 가르쳐지고 이해되는 성서 해석은 물론 신앙의 초입에 계신 분들에게는 일정한 선지식을 줄 수 있는 도우미 역할은 할 수 있습니다. 하지만 성서를 통해 계시된 그리스도 예수와 사람과의 신앙의 만남은 기관으로서의 교회, 즉 일자 대 다자의 만남이 아닌 일자 대 일자의 만남입니다. 예수의 가르침이 집단이나 프로그램에 의해 매개된 상태에서 만나는 것이 아니라 궁극적으로 한 존재가 예수의 가르침을 개인과외를 하듯 친밀하고 세밀하게 듣고 감응하는 생명의 사건이 일어나야 한다는 것입니다.

이에 본 강좌는 하나님과 인간 사이에 우상의 권위, 교조적 권력으로 군림할 가능성이 다분한 이른바 집단영성의 시스템 이전에 형성된 원시적 생명과 조우하는 개별영성의 지평을 열어내는데 조금이나마 일조하고자 하는 마음에서 위와 같은 강좌 이름을 짓게 되었습니다.

Q2. 마가복음이 갖는 독특함은 무엇입니까?

마가복음의 분량은 다른 공관복음서에 비해 현저히 작습니다. 문체 역시 친절하지 않습니다. 과감한 생략과 중첩된 이미지의 거세가 거침없이 진행됩니다. 하나의 선 굵은 예수 생애의 내러티브를 담은 기록인데요. 자칫 보면 건조하고 불친절하게 다가올 수 있음에도 불구하고 마가복음 텍스트는 행간의 여백을 통해 다른 공관복음보다 더 많은 사유와 묵상의 여지를 제공합니다.

또한 마가복음이 다른 공관복음서보다 가장 먼저 기록되었다는 학계의 중론과 더불어 마가복음이 보다 사실적으로 묘사되었고 예수의 솔직한 인성의 표출이 다각도로 펼쳐진다는 측면에서 예수의 삶과 가르침을 가장 날것으

로 담고 있다는 특징도 마가복음 읽기의 또 하나의 매력
이라고 생각합니다.

Q3. 마가복음 읽기를 통해 '집단영성에서 개별영성으로'
　　이행될 수 있는 가능성은 무엇일까요?

　개별영성은 이기주의나 개인주의의 소산이 결코 아닙니
다. 오히려 공동체로서의 교회를 더욱 견고히 할 수 있는
하나의 주체적 방법론입니다. 예수는 제자 열 두 명의 해체
마저도 예감하실 만큼 철저한 조직 해체주의자로 봐도 무
방할 것입니다. 하지만 그 해체, 흩어짐은 과거의 집단화된,
시스템의 고안해 낸 교조적 구조 속에서 신음하던 '나'를
잃어버린 모든 생명에게 전우주적 생명의 발아를 이뤄낸
시발점이 되었습니다. 십자가 사건이 바로 그렇습니다. 마
가복음은 묵묵히, 그리고 역동적으로 해체를 위한 십자가의
여정을 묘사하고 있습니다. 오늘의 우리에게도 그 십자가의
길을 강요하거나 명령하지 않으면서도 깊은 울림으로 전달
하고 있지요. 그런 맥락에서 마가복음을 접하게 될 때, 체
제나 집단의 소속감에 안주하며 지내오던 그리스도인으로
서의 자기 주체성을 새롭게 발견하게 되어 경이로운 신과
의 독대에 직면하는 신앙적 신비를 체험하게 될 것입니다.

Q4. 마가복음을 새롭게 읽는 방법으로 원전을 읽는다고 되어 있는데 원전으로서 마가복음 읽기가 갖는 효과는 어떤지, 어렵진 않은지에 대해 말씀 부탁드립니다.

앞서 말씀드린 것처럼 마가복음은 원자료(일명 Q복음)와 가장 밀접한 텍스트로 알려져 있는 것이 학계의 중론입니다. 이는 곧 예수의 정신과 가르침이 더욱 선명하게, 날것으로 체현된 텍스트로 이해해도 좋을 것 같습니다. 이러한 예수 정신의 현현을 당시 사용되던 언어인 코이네 헬라어의 관점에서 살펴봄으로서 기존에 인식하고 있던 번역본으로서의 마가복음을 새롭게 읽는 효과를 얻을 것으로 생각됩니다. 아울러 강의 주제를 함께 나누는 과정에서 단어의 의미, 문맥의 흐름을 살펴볼 것이므로 특별히 어렵다고 느끼진 않을 것으로 예상합니다.

Q5. 8주간 강의 일정에 대해 간략히 소개해 주세요.

마가복음의 태동시기와 환경, 특징에 대해 간략히 살펴본 다음 성서 텍스트를 내러티브 위주로 살펴볼 계획입니다. 마지막 시간에는 함께 토론하는 시간도 마련할 계획입니다.

Q6. 마지막으로 앞으로 함께 하게 될 4기 수강생들에게
    한 마디 부탁드립니다.

　그리스도인이라면 예수에 대해 알아야 한다고 생각합니다. 그러나 우리는 예수의 맨얼굴에 대해 얼마나 제대로, 균형 잡힌 시각으로 알고 있을까요? 한국 사회는 양극적 대비론의 함정에 빠져 있습니다. 흑이 아니면 백이란 논리의 그물망에 포섭된 것 같은데요. 성서읽기도 마찬가지라고 생각합니다. 오늘의 한국교회는 예수에 대한 정형화된 맹목적 믿음의 추종이 아니면 예수의 신성을 부정하고 극단적 자유주의에 경도된 모습을 보이는 총체적 난국에 깊이 연루되어 있습니다. 마가복음 새롭게 읽기는 극단으로 치우친 집단영성의 도그마로부터 한 걸음 물러나 '나'인 존재에게 신은, 예수는 어떤 의미인가를 예수의 삶과 가르침을 통해 숙고할 수 있는 소중한 시간이 될 것으로 확신합니다. 많은 분들의 참여와 관심 부탁드립니다.

마가복음에 대해서

▌마가복음의 아이러니

마가복음 텍스트에 나타난 세계는 한 마디로 수많은 갈등과 위기감으로 가득 찬 세계로 볼 수 있습니다. 그 세계 안에서 독자와 오늘의 그리스도인은 전혀 기대하지 않았던 파노라마가 펼쳐지거나 그 내부에 수많은 아이러니와 담론, 예상하기 힘든 혁명적인 행동들과 정치적 음모들로 메워져 있음 또한 보게 됩니다. 이 텍스트의 주인공인 예수는 그 누구보다도 오늘의 그리스도인들을 깜짝 놀라게 만드는 인물로 등장합니다.

이러한 마가복음은 존재의 삶과 죽음, 선과 악의 문제, 하나님과 사탄, 승리와 패배, 도덕에 대한 성찰과 운명과 같은 굵직굵직한 문제들을 거침없이 다루고 있습니다. 이러한 마가복음은 단지 선이 악을 이긴다는 식의 권선징악의 이야기도 아니고, 존재가 살아가는데 있어서 필요한 인생의 지침을 주는 도덕적 잠언도 아닙니다. 마가복음 이야기는 간단하고 명쾌한 해답을 제시해주지 않습니다. 마가복음 이야기에선 천국에서 가장 중요하고 귀한 자는 가장 나중 된 자여야 하며, 감추어진 비밀한 것들이 모두 알려지게 될 것이고, 자신의 목숨을 구하고자 노력하는 모든 행위들이 무의미의 진창 속으로 곤두박질 칠 거란 등등의 수많은 모순과 역설로 가득한 난처함을 읽는 독자들로 하여금 선사해주는 것입니다.

그렇다면 이 모순과 역설을 통해 마가복음이, 마가복음 안에 담겨 있는 이야기 속에 등장하는 온갖 미스터리와 역설의 목적은 무엇일까요. 그것은 곧 저자의 저술의도와도 일치할 수 있는데, 그것은 독자들로 하여금 마가복음 이야기를 통해 마음의 진지한 변화를 받아 하나님의 신성이란 초월적 존재 지평과 하나를 이루는 한 몫을 감당하도록 하기 위해서라고 볼 수 있습니다. 그런 맥락에서 저자는 고도의 상징과 의미들의 얼개로 짜여진 스토리텔링 기법을 사용하고 있습니다. 등장인물들과 주인공이라 할 수 있는 예수와의 첨예한 갈등을 유발시키고, 그 갈등만으로 이야기를 전개해 나가며 의도적인 긴장국면을 조성합니다. 마가복음을 접하는 독자는 이러한 긴장과 갈등의 관계를 독해해 나가면서 스스로 범속한 일상, 견고화된 체계, 나이브하게 구성된 집단성의 옹호아래 구획되어진 도그마로는 이해할 수 없는 깨달음의 지평을 얻을 수 있거나 최소한 일상과는 다른 지평에 대한 인식론적 폭을 넓히게 되는 실제적 효과를 경험하게 됩니다. 그러한 효과의 의도가 저자의 목적이라고도 볼 수 있으며, 그것이 곧 마가복음 텍스트 전체를 지배하는 모순과 역설의 참 의미라고 이해할 수 있겠습니다.

▌마가복음 원저자는 누구일까

현대를 살아가는 우리들은 마가복음의 원 저자가 누구인지, 어떤 사람이었는지, 처음으로 마가복음에 수록된 이야기들을 들은 사람들이 어떤 부류였는지 거의 아는 바가 없습니다. 마가복음엔 이 텍스트를 누가 기록했는지 알아볼 수 있는 어떤 서명이나 사인, 정보도 주어지지 않았기 때문입니다. 그뿐만이 아닙니다. 마가복음에 나타난 예수 이야기가 어디에서 어떤 상황의 배경에서 태동되었는지 확실하게 말해주고 있는 텍스트 내의 정보 역시 전무하다고 말해도 과언은 아닙니다. 심지어 이 글을 쓴 저자의 젠더가 남성인지 여성인지에 대한 구별조차 확신하기 어렵습니다. 다만 편의상 이 글을 쓴 저자를 '마가'로 부를 수 있을 뿐입니다.

마가복음 기원에 대해 알려진 현대신학의 견해로는 크게 두 가지 제안이 있습니다. 한 가지 제안으로 알려진 일군의 학자들 주장은 2세기 교회 지도자인 파피아스의 전통을 받아들입니다. 파피아스의 주장대로라면 마가복음은 '사도 베드로의 서기관'인 요한 마가라는 사람이 집필했고, 예수에 대해 알려지고 전래된 이야기를 기록했지만, 연대기적, 다시 말해 사건 순서대로 기록한 건 아니라고 말합니다. 이러한 주장에 힘을 싣는 학자들은 마가복음을 예수가 죽은 지 30년이 지난 서기 60년경, 또한 베드로가 순교하고 네로 황제가 그리스도인들을 잔인한 방법으로 박해한 지 얼마 지나지 않아 로마에서 기록된 것으로 생각하고 있습니다.

또 다른 하나의 제안은 이 기록에 대한 중요한 증언을 해준 것으로 알려진 파피아스의 전통 그 자체의 정확성을 의심합니다. 그들은 마가복음이 파피아스의 전통과 다르게 별개의 연구가 필요하다고 말합니다. 그러한 주장을 하는 학자들은 마가복음서를 팔레스타인이나 그 근방에서 기록되었다고 말하며, 아마도 갈릴리나 시리아와 같은 변방 지역에서 기록되었을 것으로 추정합니다. 그들은 마가복음을 서기 66년에서 70년에 발발한 로마-유대 전쟁(이스라엘 백성들이 로마인들의 식민통치에 저항해 반란을 일으킨 전쟁, 그 결과로 이스라엘은 완전히 멸망하고 예루살렘과 그 성전까지 모두 붕괴되는 참변을 겪는다. 저자 주) 동안, 혹은 그 이후에 기록되었을 것으로 봅니다. 현대의 관점이나, 혹은 여러 정황으로 볼 때 후자의 제안과 주장이 더 타당성이 있는 것으로 알려져 있습니다.

학자들에 따라서 저자의 지식이나 계급 구분에 대한 견해는 상이합니다. 저자가 농민출신인지 어느 정도 교육을 받은 지식인지에 대한 의견 역시 분분합니다. 대부분의 학자들은 저자로 추정되는 인물 마가가 유대인과 이방인 사이에 함께 섞여 있는 공동체들에게 이 글을 썼다고 생각하는 것 같습니다.

하지만 중요한 견해, 일반적으로 저자가 마가복음을 기록한 이유에 대해선 대체적으로 견해가 일치합니다. 그것은 바로 예수와 하나님의 통치에 대한 말씀을 전파하다가 배척과 박해를 경험한 그리스도인 공동체를 위해서라는 것입니다. 이 주장엔 이견이 없으며, 이러한 집필 의도 속에는 유대와 로마의 권력자들이 그리스도교의 주된 박해 세력이었음을 밝혀줍니다. 그리스도교 공동체는 당시 시대의 박해와 위협에도 불구하고 사람들로 하여금 하나님의 통치에 의존하여 담대하게 살아갈 수 있도록 격려함과 동시에 그리스도인의 영혼의 성숙을 획기적으로 도모하기 위한 목적이 담겨 있음을 볼 수 있습니다.

▌마가복음의 세계, 개별영성의 필요성에 대해서

일관성 있는 하나의 내러티브로 선 굵게 진행되는 마가복음은 독자들에게 하나의 '강력한 이야기 세계'를 제시합니다. 독자들은 그 세계에 자연스럽게 빠져들 정도의 구조적 가치를 발견하거나 그 세계를 통해 자발적으로 존재의 길을 잃는 경험을 하게 됩니다. 이러한 구조적 매력, 길을 잃는 경험의 단초는 하나의 주어진 세계에 대한 일반 규정의 틀로부터의 자유를 선포하는 마가복음 이야기가 갖는 독자성, 단일성에 있습니다.

한 편의 기록 영화가 역사적 사건들을 바탕으로 만들어졌듯이 마가복음 역시 역사적 사건, 즉 사실을 바탕으로 구성된 것입니다. 예수, 헤롯, 대제사장 같은 인물들은 당연히 실제 인물이었습니다. 그런데, 마가복음에서는 이 인물들이 당연한 실제 인물임에도 하나의 이야기 속에서 재현되는 등장인물로 구성되었음에 주목할 필요가 있습니다. 이 세계관이 의도하는 바는 강력합니다. 이 이야기에 참여하는 독자 역시 등장인물의 한 명이 되어 새로운 세계의 지평을 여는 생명의 참여자 역할로 초대하는 것입니다. 이 초대에 응하는 것이 바로 마가복음 안에 담겨있는 복음의 핵심입니다. 복음이란 그 소식을 듣는 존재의 내면 속에서 추상적이거나 피상적인 감응이 아닌 실제적인 영혼의 기쁨이 살아 숨 쉬는 것이어야 하기 때문입니다.

때문에 이러한 내면의 실제적 감응은 집단성이나 체계를 통해서가 아니라 존재 그 자신, 개별적 자아가 직접 마가 이야기 안에서 '길을 잃는' 자발적 체험을 통해서 가능케 됩니다. 그것이 바로 참된 그리스도인을 세우는 개별적 존재로서의 영성, 참된 영성의 다른 말인 개별영성으로 부를 수 있겠습니다.

제1강
하나님의 아들, 인간에게 말을 걸다
예수의 탄생과 공생애의 시작

제1강
하나님의 아들, 인간에게 말을 걸다
예수의 탄생과 공생애의 시작

▌집단영성의 의미

본래 영성이란 인간에게 주어진 고유한 생명력, 영원을 감지하는 능력 정도로 정의할 수 있습니다. 그런 맥락에서 집단영성이란 단어 자체엔 모순이 있습니다. 왜냐하면 생명력의 본질은 한 개인의 주체적이고 고유한 영역 안에서 전개되기 때문입니다. 그런데 오늘의 교회에선 집단영성이 흥왕합니다. 집단영성은 엄밀히 말해 영성의 반대이며, 심하게 표현하면 영성의 적입니다.

교회에서 추구되는 프로그램들을 통한 다양한 접근과 교회라는 제도적 기관을 통해 수행되는 일체의 의식은 태생적으로 모든 성도의 영적 자아의 발견과 배양을 목표삼고 있습니다. 그러한 산파 역할을 하는 것이 유형 교회의 역할이기도 합니다. 그런데 어느 순간부터 성도의 영적 자아의 발견에 대해 유형 교회의 역할이 절대적인 것으로 간주될 때 성도 고유의 영성은 숨을 쉬지 못하고 질식의 영성 차원에 매몰됩니다. 카톨릭 교회의 영성이 갖고 있는 치명적 함정은 실상 교리적 모호성, 정경성의 불분명함에만 있는 것이 아닙니다. 카톨릭 교회의 영성은 완벽할 정도로 정교하게 고안된 시스템, 도그마의 필터링을 통해 영성을 체험하도록 해주는 중재자 역할을 공공의 개념으로 선포합니다. 교황을 필두로 한 위계적 질서가 바로 그렇습니다.

프로테스탄트개신교 정체성의 핵심은 이러한 교회, 프로그램, 도그마의 절대적 역할에 대한 저항입니다. 그러한 저항의 근거엔 모든 성도 각자의 영적 자아의 발견, 영성의 심화를 촉발케 하는 성서 텍스트의 영감성에 의존하고 있습니다.

그런데 프로테스탄트가 이단척결의 명분으로 하나의 단일 전통성에 힘을 실어주면서 프로테스탄트 고유의 정신과는 또 다른 머리 큰 괴물을 만들어내고 있습니다. 카톨릭의 교황제도와 수직적 위계구조의 강화와 별 다르지 않는 교회중심의 구원론과 - 여기서 말하는 교회중심은 유형 교회, 집단적 의미의 교회를 뜻합니다. - 목회자 카리스마에 전적으로 의존하는 전체주의적 응집력, 피플 파워의 증대를 그리스도교 정신의 승리와 등식화하는 일련의 값싼 시도들로 대체해버린 상태입니다. 집단영성은 이러한 일련의 시도들 속에서 숙주처럼 자라나 급기야 고유한 영성의 차원마저 잠식해 버립니다.

결론적으로 집단영성은 참 공동체를 만들어내기 위해 진리의 가능성을 압살하는 일체의 필요악과도 같습니다. 또한 오늘의 교회가 보여주고 있는 집단영성에로의 경도됨은 성도 각자의 영적 자아의 발견이 담보되고 육성되는 상태로의 변이를 과정적으로 지원하는 역할로 돌아가야 함을 말해줘야 하는 교회 본질과는 엇나가고 있는 한국교회의 현주소를 말해주는 단적 현상으로 분석될 수 있습니다.

▌개별영성이 요구되는 이유

1) 성서적 전통에서

영성의 대가로 알려진 사도 요한은 요한복음서를 통해 '예수가 내 안에, 내가 예수 안에' 거하는 존재론적 일치성을 강조했습니다. 이런 맥락은 예수의 생명을 담을 수 있는 그릇이 예수의 구세주 되심에 대한 자각을 일으키는 '나'로부터 시작함을 견고히 합니다. 성서에선 각자의 믿음이 영성의 시작이며, 그 영성이 그리스도와 하나 됨을 이루어낼 수 있음을 역설합니다.

또한 사도 바울 역시 서신서의 여러 맥락들을 통해 율

법의 속성으로 볼 수 있는 전통에의 옹호, 집단성이 펼쳐
놓은 금령과 계명의 준수를 통한 의로움의 획득이란 명제
를 그리스도 예수의 생명을 거부하는 필연적 죄임을 견고
히 하였습니다. 이는 집단과 전체주의로서 옹립되는 메시
아관을 전면으로 거부하는 헤쳐모여의 가능성으로 소급됩
니다.

2) 오늘의 시대에서

다르게 보면 오늘의 시대야말로 개인주의, 이기주의가
만연해 있어 공동체를 생각하지 않고 자신만을 생각하는
철저한 개인주의 시대로 보입니다. 그래서일까요. 오늘과
같은 개인주의 시대에 개별영성에 집중하라고 주문하는
게 무의미하지 않느냐고 생각할지 모르지만 그것은 허황
된 낭만에 불과합니다.

오늘의 개인주의는 개별영성과는 아무 관계도 없습니
다. 개인주의는 집단성의 큰 틀이 마련한 백화점에 입점
한 프랜차이즈에 불과합니다. 오늘의 시대가 개인의 사생
활을 존중하고 우선시하는 측면이 부각된 것은 사실이지
만 그것은 집단성의 큰 틀에서만 의미를 가질 수 있는 집
단영성, 집단주의의 다른 말에 불과합니다. 집단이 합의해
놓은 경쟁사회에서의 성공, 이념우선주의, 황금만능주의의

토대에서 마련된 부와 명예를 쟁취하기 위해 필사적으로 노력하는 방법으로 전용專用되는 개인주의엔 이기적 자아만 득세할 뿐, '참 나'인 생명의 영을 발견하는 주체적 영적 자아의 발견엔 별 다른 관심이 없습니다. 그런데 애석하게도 오늘의 교회는 집단의 큰 틀이 합의해 놓은 상태에서의 성공과 명예, 사회적 성취와 도덕적 삶의 유지를 그리스도인의 숭고한 신앙적 승리로 말하고 선전하는데 혈안이 되어 있습니다.

▌성서 텍스트에로의 피정 – 예수의 맨얼굴 만나기

프로테스탄트 정신은 집단영성으로 대표되는 주술적 매개, 제도적 매개, 사회적 매개가 아닌 생명과 1대 1로 조우하는 생명의 만남을 가능하게 만드는 '참 나'의 발견이 핵심입니다. 그 발견을 가능케 해주는 것이 '오직 말씀으로만'입니다.

성서 텍스트는 엄밀히 말하면 '말씀' 그 자체가 아닙니다. '말씀'은 무한자이며, 창조자이신 하나님의 인간을 향한 뜻입니다. 이 뜻이 곧 말씀인데, 말씀을 존재의 생각과 오감으로 체감할 수 있는 유일한 생명통로가 성서 텍스트인 것입니다. 따라서 프로테스탄트의 정신에서 추구되어야 하는 단 하나의 전통이란 성도의 주체적 영성, 말씀과 하나를 이루도록 만드는 영성이 가능하도록 하는 성서 텍스트에로의 피정에 집중될 필요가 있습니다. 마가복음 읽기를 시도하는 이유 역시 말씀의 총체總體인 그리스도 예수의 삶과 가르침, 어록이 가장 선명하게 제시된 성서 텍스트를 통해서 내 안에 죽어있는 '참 나', 영적 자아를 일으켜내어 이제부터는 그 영적 자아로 숨을 쉬며 세상을 살아가는 세상 속에서 참 승리를 이뤄내는 그리스도인의 삶을 살기 위함입니다.

▌1:3~5 - 광야에 외치는 자의 소리

3 또 '너희는 여호와께서 예루살렘의 성전으로 가실 길을 광야에 뚫어 놓아라. 거친 사막을 평평하게 다듬어서 우리 하나님이 통과하실 큰길을 닦아 놓아라!'라는 말씀도 있다. (cf.사40:3)
4 이 하나님의 사자가 바로 침례 요한이다. 그는 광야에서 살며 사람들에게 '회개하고 침례를 받으라. 그러면 하나님께서 죄를 용서하여 주실 것이다'라고 가르쳤다.
5 그때 예루살렘과 온 유대 지방 사람들이 요한에게 몰려와 자기들의 죄를 고백하고 요단강에서 침례를 받았다.

광야는 생명의 관점에서 교회를 의미합니다. 물론 광야

는 척박한 환경이 담보된 곳입니다. 그러나 교회의 본질은 광야와 동일시됩니다. 안주되고 보장된 환경, 집단의식을 통해 소속감을 확인할 수 있는 환경은 실상 교회의 참모습과는 상이합니다.

세례 요한은 오는 메시아를 열망하기 위한 한 방법으로 주의 길을 준비하고, 그의 행로를 왜곡됨 없이 평탄하게 행하라고 하였습니다. 광야, 교회에서 외치는 자는 오늘의 우리에게도 예외 없이 해당됩니다. 우리 역시 주의 길을 준비하고, 그의 행로를 곧게 하는데 우리의 영적 지성이 투신되어야 할 의무가 있습니다.

▌1:13 - 광야 안에서

> 13 예수께서는 거기서 40일 동안 들짐승과 함께 지내면서 사단에게 시험을 받으셨는데, 그동안 천사들이 그분의 시중을 들었다.

예수가 사탄에 의해, 혹은 사탄을 대신해 광야 안에서 유혹을 받았습니다. 마태와 누가복음에선 사탄의 유혹 사건을 비교적 자세히 묘사했지만 마가복음은 단지 '유혹'을 받았다는 사실만 강조합니다.

마가복음에 있어 예수의 유혹 사건은 그 내용이 중요하지 않습니다. 대신 그가 40일로 상징되는 인간 삶의 도상 위에 인간 대신 서서 우리가 겪어내야 할 유혹의 습성과 맞섰다는 사실이 중요한 의미를 갖습니다. 그 맞섬의 장소가 바로 광야, 교회입니다. 교회는 그러므로 유혹의 심판처라기 보단 유혹에 맞서 투쟁하는 장소입니다. 그리고 이때의 유혹은 표층적 현상에서 나타나는 온갖 비본질적인 고통을 조장하는 원인, 근원으로서의 유혹입니다.

▋1:17 - 사람들의 어부

> 17 예수께서 그들을 불러 말씀하셨다. '나를 따라 오너라. 내가 너희들을 사람 낚는 어부가 되게 하리라.

통상 번역본에서는 이 구절을 '사람을 낚는 어부'로 기록합니다. 하지만 희랍어 사본들을 통해 본 보다 정확한 독해는 '사람들의 어부'입니다. 이때 말하는 사람은 우리 존재의 내면을 가리킵니다.

예수의 제자들은 자신들이 특별한 능력을 부여받아 그 부여받은 능력으로 다른 이들을 낚아 올리는 것이 아니라 먼저 자신 안의 참 사람의 생명을 발견하고 그 생명이 옛 자아를 소멸시키고 참 자신을 세울 수 있도록 하는 어부가 되도록 하는 것입니다. 먼저 '나'의 전체를 보지 않고서 내 형제의 티를 빼낼 생각으로부터 한 걸음 물러서야 하는 이유가 바로 여기에 있습니다.

▌ 1:23~27 – 다 놀라게 되어

23 그런데 그 자리에 더러운 귀신 들린 사람 하나가 와 있다가 소리쳤다.
24 '나사렛 예수여, 우리가 당신과 무슨 상관이 있다고 우리를 이렇듯 난처하게 만드십니까? 우리를 없애려고 오셨습니까? 나는 당신이 누구인지 압니다. 당신은 하나님의 거룩한 아들이십니다!'
25 예수께서는 더러운 귀신을 꾸짖으시며 '조용히 하고 그 사람에게서 나오라'고 명령하셨다.
26 더러운 귀신은 소리를 지르며 그 사람에게 발작을 일으켜 놓고 떠나갔다.
27 놀란 사람들은 흥분한 목소리로 거기서 일어난 일을 서로 이야기하였다. '이게 도대체 어떻게 된 일인가? 이렇게까지 권위 있는 가르침은 들어 본 적이 없다. 더러운 귀신까지도 그분의 명령에 복종하다니!'

마가복음은 1장 27절에서 모인 무리들은 예수의 이적 행위를 보고 '놀라게 되었다'고 기록합니다. 하지만 이 놀람은 소요와 소동을 지시하는 동사입니다. 소요와 소동이

암묵적으로 지시하는 영역은 바로 현상의 영역입니다. 표층적 현상에서 배출된 눈에 보이는 이적 행위와 소요를 통해서는 참 사람의 궁극적 내면으로 들어갈 수 없으며, 들어가려고 하지도 않습니다. 이 놀라움이 결국 예수에 대한 맹목적 추종을 낳았고 동시에 맹목적 거부와 저주를 낳기도 했습니다.

▌1:30~31 - 그녀가 수종 들더라

30 그 집에는 마침 시몬의 장모가 열병으로 앓아 누워 있었다. 그 사정을 예수께 알려드리자
31 예수께서는 그 여자 곁으로 다가가 손을 잡아 일으키셨다. 그러자 순식간에 열이 내려서 그 여자는 자리에서 일어나 그들의 저녁을 준비하였다.

희랍어 수종, $\delta\iota\eta\kappa o\nu\epsilon\iota$ 디에코네이는 다시 종살이를 시작했다는 관습어의 일종입니다. 그렇다면 시몬의 장모로 알려진 여자는 열병으로부터 고침을 받아 또 다시 노예처럼, 그것도 당시 인간취급도 받지 못하던 여성들처럼 수종이나 들어야 했다는 말인가요? 그렇지 않습니다.

이때 쓰인 수종이란 단어는 눈에 보이는 복종과 노예적 굴종의 성격을 뛰어넘습니다. 그런 맥락에서 시몬의 장모

는 젠더를 넘어서서 오늘의 그리스도인 모두를 아우릅니다. 그렇다면 오늘의 그리스도인에게 요구되는 수종은 과연 무엇일까요? 목회자, 교회에 대한 절대적 충정일까요? 아님 참 나, 참 사람의 기반을 향해 나아가는 우리 자신을 향한 발견일까요? 답은 자명합니다.

▌1:45 – 다시 광야 안으로

45 그러나 그 사람은 너무도 기쁜 나머지 제사장 앞에 이르기도 전에 예수께서 병을 고쳐 주신 사실을 사방에 퍼뜨렸다. 결국 소문을 들은 많은 사람이 몰려들어 예수께서는 마을로 다시 들어가지 못하고 외딴 곳에 머물러 계셨다. 그래도 사람들은 예수를 찾아 사방에서 모여들었다.

예수가 드러내고, 공개적으로 할 수 없었던 것은 보다 심오한 뜻이 내포되어 있기 때문으로 볼 수 있습니다. 이때의 공개성은 눈에 보이는 표적만 쫓는 유대교의 관습, 그 체질에 대한 철저한 부정이며, 반대로 마을이 아닌 바깥으로 번역된 광야로 나간 것, 그리고 그 광야를 향해 사람들이 모여들었다는 역사적 기록이 시사하는 바는 바로 예수의 그리스도 되심에 대한 깨달음의 영역이 눈에 보이는 공개적 장소, 공개적 행위를 통해서가 아니라 광야로 상징되는 교회의 내면, 영혼의 본질 안에서 울리고, 말씀이 풀어진다는 뜻이 아닐까요.

▌2:3~5 – 그들의 믿음

> 3 네 사람이 중풍병자 한 사람을 들것에 실어 데려왔다.
> 4 그러나 사람들이 너무 많아 예수께 가까이 데려갈 수가 없자 지붕을 뜯어 구멍을 내고 중풍병자가 누워 있는 들것을 예수 앞으로 달아 내렸다.
> 5 예수께서 그들의 믿음을 보고 중풍병자에게 말씀하셨다. '아들아, 네 죄는 용서받았다'

2장 5절에서 예수는 중풍병자의 믿음을 보셨다고 하지 않고 그들의 믿음을 보셨다고 했습니다. 그리고는 다시 중풍병자에게 명령하셨습니다. 그들의 믿음은 무엇일까요? 이 중풍병자 치유 기적을 통해 더욱 명료해지는 기록자의 의도는 눈에 드러난 중풍병자만이 중풍병자가 아니란 사실의 변증입니다. 그 실상은 중풍병자를 예수 앞에 이끌고 나온 그들 속에서도 상존했습니다. 문제는 그들의 믿음입니다. 이때, 예수가 본 그들의 믿음은 바로 자신의 내면이 썩고 있다는 것, 아니 자신이 썩고 죽어가고 있다는 사실조차 인지하지 못하는 영적 무감각의 상태, 그 무감각에 대한 자각이었던 것입니다.

▌2:15~17 - 세리와 죄인의 예수

15 어느 날 예수께서는 레위의 집에서 식사를 하게 되었다. 그런데 그 자리에는 제자들뿐만 아니라 세상에서 멸시받는 세리와 죄인들도 함께 하고 있었는데, 이는 이런 부류의 많은 사람들이 예수를 따르고 있었기 때문이다.
16 그때 바리새파의 율법학자들이 예수께서 평판 나쁜 사람들과 같이 식사하시는 것을 보고서 제자들에게 말하였다. '어떻게 당신네 선생은 저런 인간들과 같이 식사를 하는 거요?'
17 예수께서 이 말을 전해 듣고 말씀하셨다. '건강한 사람에게는 의사가 필요 없으나 병든 사람에게는 의사가 필요하다. 나는 의인을 부르러 온 것이 아니라 죄인을 부르러 왔다.'

결론적으로 말해 의인은 없습니다. 이 명제는 확실합니다. 의인이란 명제는 오직 하나님의 아들, 계시의 결정체인 그리스도 예수가 오셔서 우리 존재를 의인으로 부르실 때만 가능한 것입니다. 그런 맥락에서 예수는 허위의 늪에 빠진, 계명 준수를 통해 의롭다 함을 얻으려 하는 지성적 착오의 늪을 걸어가는 이들의 한 복판에 오셔서 그들, 의인의 규범을 임의로 설정해 놓은 그들의 기준으로 본 세리와 죄인들과 어울리심으로서 역설적으로 의인의

규범을 임의로 세운 그들의 판을 둘러엎은 해체의 이적을
성취하셨던 것입니다.

▌2:18~20 - 금식할 수 있는 날

18 요한의 제자들과 바리새파 사람들은 때때로 금식을 하는
일이 있었다. 하루는 어떤 사람들이 예수께 와서 '요한의 제
자들과 바리새파 사람들은 금식을 하는데, 왜 선생님의 제
자들은 금식을 하지 않습니까?' 하고 물었다.
19 예수께서 대답하셨다. '결혼 잔치 때 신랑의 친구들이 신
랑과 같이 있으면서 금식할 수 있느냐? 그들이 신랑과 같이
있으면서 굳이 음식을 거절해야 할 까닭이 없지 않느냐?
20 그러나 이제 신랑을 빼앗길 날이 올 터인데, 그날에는
그들도 슬퍼하며 금식할 것이다.

한글번역에서는 '신랑을 빼앗길 날'로 번역되었지만 희
랍어 사본을 보면 '신랑이 옮겨지는 날'로 독해됩니다. 신
랑이 옮겨진다는 것은 신랑으로 상징되는 그리스도의 생
명력이 가시화되고 규범화된 눈에 보이는 표적의 틀을 넘
어서서 모든 영혼의 마음속에 편재遍在하시는 그리스도
예수의 영, 성령의 풀어짐이 일어나는 생명 사건을 뜻합
니다. 이 생명 사건에 대한 영적 반응과 감격 그 자체가
예수가 본 금식의 본질입니다.

▌2:27~28 - 안식일의 주인

> 27 안식일이 사람을 위해 있는 것이지 사람이 안식일
> 을 위해 있는 것이 아니다.
> 28 그러므로 인자가 곧 안식일의 주인이다.'

예수가 본 안식일은 어떤 하루, '날'의 개념이 아닙니다. 또한 예수가 밝힌 사람의 아들은 철저한 인간이면서 동시에 철저한 하나님의 신성을 담보한 참 사람일 것입니다.

안식일은 하나님의 관점에서 보았을 때 바로 그리스도로서 인간에게 참 생명과 참 안식을 가져올 그리스도였습니다. 그러므로 자신의 그리스도, 메시아 됨을 초월적 영의 감각으로 인식한 예수는 담대히 자신을 안식일의 주인으로 밝힐 수 있었던 것입니다.

제2강
누가 내 어머니와 형제들이냐
가족 해체와 하나님 나라의 비밀

제2강
누가 내 어머니와 형제들이냐
가족 해체와 하나님 나라의 비밀

▮집단영성으로부터 탈주하는 방향

생명에 대해 단독자적 인식을 가로막는 집단영성으로부터 탈주하는 방법은 무엇일까요. 물리적 방법을 동원해 사람들, 세상들, 만사의 번잡함으로부터 벗어나면 되는 것일까요. 그런 방법들은 일시의 유익, 심리적 위안을 줄 수 있을지언정 그 역시 또 다른 집단영성의 틀에 얽어맬 뿐입니다.

깨어나려 하는 현대기독교의 또 하나의 덫은 심리치유와 마음 산책과 같은 마인드 컨트롤의 방법론을 기독교 프로그램에 적용하고자 하는 의도입니다. 물론 마인드컨트롤이 정신건강을 증진하고 더 나아가 기독교의 생명에 많은 관심을 가질 수 있도록 유도하는 순기능은 있습니다. 하지만 그 역시 각자에게 주어진 고유한 영성은 배제한 채 집단과 프로그램, 여러 수행적 방법론을 통한 마인드 컨트롤을 유도하고 있습니다. 템플스테이와 같은 최근의 종교적 프로그램들이 그렇습니다. 이러한 시도를 통해 얻게 되는 심리적 안정 역시 시스템의 기반 위에서 얻게 되는 심리적 안정이며, 그런 형태의 정서적 안정은 어느 순간엔 우리 안에 대속의 울림과 참 생명의 깊이로 인도하는 진정한 영성을 가로막는 장애물이 될지도 모릅니다.

참된 개별영성의 추구와 집단영성으로부터의 탈주는 텍스트를 통해 말씀하시는 하나님의 뜻, 그리스도 예수의 생명 울림에 대한 숙고와 반응을 통해서만 가능합니다. 말씀의 생명력이 우리 마음 안으로 들어와 우리의 정신적 상태를 치유하는 패러다임의 전환이 이루어지도록 의도하는 것, 그러한 경향을 지향하는 것이 집단영성으로부터 탈주하는 적극적인 방법이 될 수 있습니다.

▍개별영성에 대한 잘못된 인식

개별영성에 대한 잘못된 인식으로는 첫째로 이기주의와 개별영성을 동일시하는 경향입니다. 앞선 강의 때 언급한 바와 마찬가지로 이기주의와 개별영성의 근본적 차이에 대한 구별이 선행되어야 합니다. 이기주의는 또 다른 집단영성의 틀 안에서 주어진 경쟁논리의 산물, 집단영성의 다른 이름에 불과합니다.

개별영성은 집단영성이 추구하는 틀, 패러다임 자체로

부터 해방을 추구하며, 그 해방의 지점에서만 태동될 수 있습니다. 개별영성의 첫 열매는 바로 그리스도 예수입니다. 그리스도 예수는 인간의 몸으로 나셨지만, 인간의 원죄적 욕망과는 무관한 삶을 살아내셨습니다. 욕망의 틀은 인간의 고유한 영성을 집단영성으로 잡아 묶는 가장 심층의 악, 죄악의 근원입니다. 개별영성은 존재로 하여금 이 죄악의 그물망으로부터 벗어나게 하는 유일한 생명의 자각체입니다. 그 생명 자각체가 우리 각자의 내면에서 숨 쉴 수 있도록 열어놓은 것이 바로 그리스도 예수이며, 그분의 가르침이 담긴 성서 텍스트입니다.

둘째로 참된 개별영성의 열림과 그 적용은 '나'를 통해 '너'를 보는 것과 '너'를 통해 '나'를 보는 상호융합의 신비에 있습니다. 개별영성을 의식한다고 했을 때, 내 자신의 모습만 바라보는 것은 자기세계의 자족에만 매달릴 가능성이 다분합니다. 개별영성의 태동과 성장을 인식할 수 있는 바른 길은 나와 함께하고 있는 사람들을 통해 나타나는 나, 나와 함께하는 사람들의 고통과 아픔, 슬픔을 바라보고 대하는 태도를 보며 나의 영성의 깊이와 진보를 가늠하는 방법과 함께 사람들을 통해 나타난 나를 생명의 울림, 하나님 말씀의 깊이와 연속선상에서 바라봄으로서 자신의 상태를 타인들과 세속의 평가에 의해 규정하지 않고 말씀과의 조우를 통해 영성의 깊이를 점검해보는 상호간 지속적으로 순환되는 과정이 필요합니다. 마치 수도관이 막히지 않고 끊임없는 소통을 가능케 하는 것처럼 말입니다.

▌3:3~5 – 안식일, 손 마른 자

> 3 예수께서는 그 사람에게 '일어나 이 앞으로 나오너라' 하고 말씀하신 뒤
> 4 사람들을 향해 '안식일에 착한 일을 하는 것이 옳으냐, 남을 해치는 일을 하는 것이 옳으냐? 안식일에 사람을 살리는 것이 옳으냐, 죽이는 것이 옳으냐?' 하고 물으셨다. 그러나 아무도 대답하는 사람이 없었다.
> 5 예수께서는 그들의 마음이 굳어져 있는 것을 탄식하시며 그 주위를 둘러보신 다음 그 사람에게 '네 손을 펴라' 하고 말씀하셨다. 그 사람이 손을 펴자 그의 손은 전처럼 완전히 회복되었다.

안식일은 그리스도 예수의 영적 몸입니다. 그러나 이 생명을 부여하는 영적 몸이 자신의 존재 안에서 충분함으로 발견되지 못한 영혼에게는 어둠일 뿐이요, 충만의 반대 개념인 마름일 뿐입니다. 손은 활동성을 상징하며, 그 활동성은 영의 운동movement일 것입니다. 그런데 그 손이 말랐습니다. 또한 오늘날 영의 운동을 상징하는 손이

마른 사람들이 특정한 절기, 계명의 준수로 포박한 자신만의 율법 속에서 선을 행한다고 합니다. 과연 그것이 선을 행하는 것일까요? 아님 재앙의 종교성을 반복 재생산하는 것일까요?

▌3:23~26 – 멸망의 축복

23 예수께서는 그들을 불러서 알아듣기 쉽게 비유로 말씀하셨다. '사단이 어떻게 사단을 쫓아낼 수 있느냐?
24 한 나라가 갈라져 서로 싸우면 그 나라는 무너져 버린다.
25 한 가정이 불화하여 갈라지면 그 가정은 망하고 만다.
26 만일 사단이 사단과 싸운다면 어떤 결과가 일어나겠는가? 사단의 나라는 서지 못하고 망해 버리지 않겠느냐?

26절에서 사단이 그 스스로 분열되게 되면 세워질 수 없게 되어 결국 망한다고 기록되어 있는데, 희랍어 공인 성서를 직역해 보면 '끝을 가진다'고 읽힙니다. 이는 단순한 멸망을 뜻하는 것과는 또 다른 의미 차원을 확보합니다. 사단의 분열사건은 어쩌면 우리 존재를 장악하는 어둠에서 빛의 관입을 통해 나타나야 할 그리스도인의 필연적 징후, 과정이어야 합니다. 그런 맥락에서 '끝의 소유'를 함께 생각해보시기 바랍니다. 중요한 것은 우리와 하나님의 생명 사이를 가로막고 있는 모든 세력이 사탄이란 보통명사로 사용되었다는 사실입니다.

▌3:28~29 - 성령을 가로막는 죄

> 28 나는 분명히 말한다. 사람들이 어떤 죄를 짓든, 또 입을 함부로 놀려 어떤 욕설을 퍼붓든 간에 다 용서 받을 수 있다.
> 29 그러나 성령을 모독하는 죄는 결코 용서받지 못할 것이다. 그것은 영원히 씻을 수 없는 죄가 되는 것이다.

성령을 훼방, 가로막는 것이 죄의 본질입니다. 죄는 우리 존재의 본래적 생명이 자신의 생명, 그리스도 예수의 대속 희열을 몸과 마음으로 깨우치지 못한 상태인데, 이러한 상태의 유일한 돌파구가 바로 그리스도 예수의 영인 성령의 활동인 것입니다. 그런데 그 활동마저 우리 안의 자기 생각과 표층적 현상의 속박에 얽매이게 된다면 과연 어떻게 하나님의 참 생명의 빛을 깨달아 우리의 내면을 죄 없음의 무구한 상태로 회복할 수 있을까요?

▌3:33~35 - 누가 내 어머니냐

> 33 예수께서는 '누가 내 어머니이며 내 형제들이냐?' 하고
> 반문하신 뒤
> 34 둘러앉은 사람들을 돌아보시며 다시 말씀하셨다. '바로
> 이 사람들이 내 어머니요, 내 형제들이다.
> 35 누구든지 하나님의 뜻을 따르는 사람이 내 형제요, 자매
> 요, 어머니이다.'

성서 언어의 혁신, 그 혁명적 단초를 제공하는 가르침입니다. 예수의 가르침은 이렇듯 일관되게 표층적 현상의 언어를 사용함으로서 인간 세계에서 합의된 언어로는 해명할 수 없는 무한자의 뜻과 생각, 곧 초월적 현상을 현시합니다. 그런 맥락에서 우리의 어머니, 우리의 형제는 하나님의 뜻을 행하는 자를 가리킵니다. 이 경우 분명한 건 하나님의 뜻을 행하는 자가 나 아닌 다른 이, 즉 타자他者만을 가리키지 않는다는 사실입니다. 하나님의 뜻을 찾고 구하는 데 있어서 선행되는 영역은 바로 자기 자신입니다. 바로 내 자신의 어머니와 형제를 바로 볼 수 있어야 하는 이유가 여기에 있습니다.

▍4:3~9, 14~20 - 들을 귀 있는 자 들어라

3 '들으라, 한 농부가 씨를 뿌리러 나갔다.
4 그가 자기 밭에 씨를 뿌렸는데 어떤 것은 길가에 떨어져 새들이 와서 쪼아 먹었고
5 어떤 것은 흙이 얇게 덮인 돌밭에 떨어져 싹은 곧 나왔지만 흙이 깊지 않아
6 해가 뜨자 뿌리도 내리지 못한 채 말라 버렸다.
7 또 어떤 것은 가시덤불 속에 떨어졌는데 가시나무들이 자라서 그것을 덮어 버렸기 때문에 열매를 맺지 못하였다.
8 그러나 어떤 것은 좋은 땅에 떨어져 싹이 나고 잘 자라서 삼십 배의 열매를 맺었고, 어떤 것은 육십 배, 어떤 것은 백 배의 열매를 맺었다.
9 들을 귀가 있는 사람은 들으라'

14 내가 말한 씨를 뿌리는 농부는 하나님의 말씀을 전하는 사람이다.
15 길가에 씨가 뿌려졌다는 것은 하나님의 말씀을 듣기는 하지만 마음에 받아들이지 않았기 때문에 사단이 와서 그 말씀을 곧 잊어버리게 만드는 사람을 두고 하는 말이다.
16 돌밭에 씨가 뿌려졌다는 것은 하나님의 말씀을 기쁘게 듣기는 하지만
17 그 마음속에 깊이 뿌리를 내리지 못하여 처음에는 잘나가다가 박해가 시작되면 곧 넘어지는 사람을 두고 하는 말이다.
18 가시덤불 속에 씨가 뿌려졌다는 것은 하나님의 말씀을 듣고 받아들이기는 하나
19 세상살이의 염려와 재물의 유혹과 기타 여러 가지 욕심이 하나님의 말씀을 그 마음에서 밀어내 버려 열매 맺지 못하는 사람을 두고 하는 말이다.

> 20 그러나 좋은 땅에 씨가 뿌려졌다는 것은 하나님의 말씀
> 을 진실하게 받아들임으로써 풍성한 열매를 거두는 사람,
> 즉 그 마음속에 심어진 씨가 삼십 배, 육십 배, 백배의 열매
> 를 맺는 사람을 두고 하는 말이다'

씨 뿌리는 비유는 예수 비유의 한 원형입니다. 예수 비유는 특정 시간, 즉 선적線的 시간의 굴레로부터 시작하지만 선적 시간의 굴레를 넘어섭니다. 다시 말해 영적 보편성으로서의 시간, 카이로스의 시간을 통해 우리에게 말씀하시는 것입니다. 때문에 이 네 가지 땅에 뿌려진 씨 뿌림의 비유 역시 인간의 성장 단계를 설명하거나 처음부터 땅의 형질이 네 가지로 나뉘어졌다는 식의 예정론적인 해석으로 접근하는 것은 난센스입니다. 네 가지 땅은 땅으로 상징되는 우리 존재의 마음 터전을 총체적으로 가리킵니다. 우리 안에는 재물의 유혹과 돌밭같이 완고한 마음, 또 옥토같이 기름진 상태가 공존하는 것입니다.

▌4:30~32 - 겨자씨 한 알

> 30 예수께서 말씀하셨다. '하나님 나라를 어떻게 묘사할 수
> 있을까? 무슨 비유로 그것을 설명할 수 있을까?
> 31 하나님 나라는 겨자씨 한 알과 같다. 겨자씨는 모든 씨
> 가운데 가장 작은 것이지만

> 32 땅에 뿌려진 다음에는 어떤 식물보다도 크게 자라서 공
> 중의 새들이 그 그늘진 가지에 깃들일 만큼 무성하게 된다.'

예수는 가장 작은 것, 적은 누룩, 지극히 작은 사람 등
등. 양적 개념의 기준에서 현저히 작은 것을 하나님 나라
의 비유에 적극 반영하셨습니다. 예수가 이렇듯 지극히
작음의 개념을 도입한 이유는 이 세상에서 보잘 것 없는
것이 가장 최선이라는 또 하나의 도그마를 세우기 위함만
이 아니었습니다. 예수가 말한 지극히 작음은 천국과 생
명에 대한 양적 기준의 해체입니다. 예수가 제시한 하나
님 나라, 천국의 본질은 그 나라에 들어가기 위해 얼마나
많은 헌신 봉사를 했느냐는 양적 개념의 접근이 아니라
나라, 천국의 영적 존재론 안에서 실제로 영의 숨을 쉬었
느냐 그렇지 않았느냐의 접근을 요구하는 것입니다.

▌4:34 - 비유가 아니면

> 34 예수께서는 여러 사람들 앞에서는 비유가 아니면 말씀
> 하지 않으셨으나 제자들에게만은 따로 그 뜻을 설명해 주
> 셨다.

비유, $\pi\alpha\rho\alpha\beta o\lambda\eta$ 파라볼레는 특별히 비유 텍스트에만 적

용되는 것이 아닌 예수 가르침의 총아인 성서 텍스트 전체로 확산되어 이해될 필요가 있습니다. 이 비유는 표층적 현상에서 통용되는 언어 세계 속으로 초월적 현상의 궁극적 일자—者인 그리스도 예수가 생명 언어, 말씀의 외피를 입고 들어와 표층적 현상 안에서 초월적 현상을 풀어내는 말할 수 없는 신비의 현현입니다.

▌4:37~40 - 믿음이란?

> 37 그런데 얼마 못 가서 거센 폭풍이 일면서 큰 물결이 배 안으로 덮쳐 배가 가라앉을 지경이 되었다.
> 38 그러나 예수께서는 배 고물에 머리를 기대고 주무시고 계셨다. 제자들이 예수를 깨우며 소리쳤다. '선생님, 저희가 빠져 죽게 되었는데도 돌보지 않으시렵니까?'
> 39 예수께서 일어나 바람을 꾸짖으시며 바다를 향하여 '고요하고 잔잔하라!'고 말씀하셨다. 그러자 바람이 그치고 물결은 아주 잔잔해졌다.
> 40 예수께서 제자들을 꾸짖으셨다. '왜 그렇게도 겁이 많으냐? 아직도 나를 믿지 못하느냐?'

바다와 바람을 잠잠하게 한, 소위 자연계 질서에 대한 섭정 의지를 현상의 세계에 드러내어 보인 예수 이적의 본질에는 단순히 그가 자연계까지도 다스리는 전능한 자의 아들이란 영웅적 카리스마의 부각에만 매달리지 않습니다. 이보다 더 중요한 것은 바다와 바람으로 상징되는 자연이란 미지의 공포 앞에 선 인간 존재의 불안, 그 불안을 장악한 필연적 악의 포악성으로부터의 해방을 천명했다는 사실의 발견입니다. 우리는 오히려 이 불안으로부터 자유롭지 못함을 철저하게 메시아 앞에 고백함으로서 더 한층 실체에 근접한 믿음과의 하나 됨을 발견하게 될 것입니다.

제3강
물속에 빠진 돼지 떼
군대(집단영성)로부터의 탈주와 오병이어의 이적

제3강
물속에 빠진 돼지 떼
군대(집단영성)로부터의 탈주와 오병이어의 이적

▌군대와 집단 영성의 관계에 대해서

마가복음 5장엔 군대가 등장합니다. 군대의 조직성은 세상을 태동하게 만든 헬라어 '$\kappa o \sigma \mu o\varsigma$코스모스'의 특성과 일치합니다. 군대조직이 갖는 일사불란한 특징과 적에 대한 긴장감 조성, 그로 인한 상명하복의 질서구축은 필경 우리 사회, 공동체의 질서수립에 있어선 긍정적인 순기능을 제공해 줄 수 있습니다. 하지만 그러한 질서구축에 앞서 선행되어야 할 주체적 개별영성의 신비가 오롯이 존재의 마음 안에 정착되지 않는다면 군대의 질서는 곧 고유의 영성을 억압하는 집단 영성의 광기로 악용될 가능성이 다분합니다.

군대 들린 귀신의 사례를 통해 예수가 드러내고자 했던 바는 명백합니다. 질서유지의 명목으로 전용되는 군대의 특성이 조직화된 시스템 우선주의의 함정, 상대로서의 적을 설정해 놓음으로서 내부 결속 강화로 인해 필연적으로 도래하게 될 조직 내 자정능력 결여, 상명하복 형태의 치명적 함정이라 할 수 있는 지도자의 그릇된 판단으로 인한 조직 전체의 와해 위기를 종합적으로 나타내고자 했음을 보게 됩니다.

▌오병이어를 통해 나타난 개별영성의 공동체화

개별영성의 발견과 진보는 필연적으로 공동체의 진보를 가져옵니다. 물론 군대의 조직성으로 대표되는 집단 영성 강화를 통해 개별영성이 진보하는 이른바 영성의 적하효과가 가능할 순 있습니다. 그 가능성이 배제되어서는 곤란하지만 중요한 건 집단 영성을 통한 개별영성으로의 접근은 단지 그리스도와 그리스도인 각자가 일대 일 관계로 만날 수 있게 해주는 다리 역할에 머물러야 한다는 것입니다.

오병이어의 이적에서 주목할 만 한 현상은 예수가 하늘을 우러러 축사하신 떡을 나눠줌의 신비에만 있는 것이 아니라 어린 아이 한 명이 물고기 두 마리와 떡 다섯 개를 내어놓은 일입니다. 어린 아이의 행동 속에 담겨 있는 진보성은 곧 개별영성의 주체성을 회복한, 또는 회복하고자 하는 이들의 자발적 행위가 오천 명으로 상징되는 집단, 공동체의 회복으로 발전된다는 당위를 역설하고 있습니다.

문제는 영성이 순환함에 있어서의 참된 질서에 대한 성찰입니다. 처음 신앙생활을 시작하는 그리스도인은 일단 교회로 상징되는 집단 영성을 통해 예수를 만나게 됩니다. 그러한 스프링보드를 발판삼아 각 개인은 집단 영성으로부터 나와 일대 일로 신성과 만나게 되는 개별영성의 주체성에 눈을 뜨게 됩니다. 그리고 이제 성숙한 그리스도인은 각자의 개별영성 진보를 통해 부패한 조직성과 썩을 수밖에 없는 고인 물로 대표되는 '집단'으로부터 벗어난 참 '공동체'를 세울 수 있는 초석이 될 수 있습니다. 이 초석들이 바로 작은 모퉁이돌이며, 작은 예수입니다. 작은 예수의 모임이 진보할 때 집단은 공동체로 거듭나며, 그 공동체는 또 다시 복음과 생명을 알지 못하는 비신자들을 집단의 이름이 아닌 공동체의 이름으로 거듭나도록 만드는 참된 전도와 선교를 가능케 할 것입니다.

▋ 5:1~17 – 군대, 그 집단성의 극치

> 1 예수와 그 일행이 바다 건너편 거라사인의 지방에 이르렀을 때

2 방금 무덤 사이에서 내려온 더러운 귀신 들린 사람을 만나게 되었다.

3 이 사람은 무덤에서 살았는데, 누구도 그를 매어 둘 수 없었다.

4 여러 번 쇠고랑도 채우고 쇠사슬로 묶어도 보았으나 그는 번번이 그것들을 끊어 버렸다. 결국 아무도 그를 휘어잡지 못하였다.

5 그는 밤이나 낮이나 무덤과 산기슭을 돌아다니면서 소리를 지르고 뾰족한 돌로 자기 몸을 짓찧어 상처를 내곤 하였다.

6 그는 저 멀리 배를 타고 오시는 예수를 보고 달려 내려와 그 앞에 엎드렸다.

7~8 예수께서 그 사람 속에 있는 귀신을 보고 '이리 나오라, 이 더러운 귀신아' 하고 말씀하셨다. 그러자 귀신은 소리를 지르며 말하였다. '지극히 높으신 하나님의 아들 예수여, 저를 어떻게 하실 작정입니까? 제발 저를 괴롭히지 마십시오.'

9 '네 이름이 무엇이냐?' 하고 예수께서 물으시자 그 귀신이 대답하였다. '군대라 합니다. 우리의 수효가 엄청나게 많기 때문입니다.'

10 그리고 귀신은 예수께 자기들을 다른 지방으로 쫓아내지 말아달라고 간절히 빌었다.

11 마침 그곳 산기슭에는 놓아 기르는 큰 돼지 떼가 있었다.

12 그것을 본 귀신이 '저희를 저 돼지들에게 들여보내 주십시오' 하고 간청하였다.

13 예수께서 허락하시자 더러운 귀신들이 그 사람에게서 나와 돼지들 속으로 들어갔다. 그러자 무려 2천 마리나 되는 돼지 떼가 비탈을 내리달려 바다에 빠져 죽었다.

14 돼지 치던 사람들이 놀라 읍내와 마을로 뛰어가 이 일을 알렸다.

15 마을 사람들이 무슨 일이 일어났는지 궁금하여 예수께서

계시는 곳으로 모여들었다. 그들은 귀신 들렸던 사람이 옷을 갖추어 입고서 멀쩡하게 앉아 있는 모습을 보고는 겁이 났다.
16 그 일어난 일을 처음부터 지켜 본 사람들이 모여든 마을 사람들에게 사실대로 말해 주자
17 마을 사람들은 예수께 그곳을 떠나달라고 간청하였다.

예수는 소위 말하는 군대 귀신 들린 자의 고통을 치유하셨습니다. 그러나 이러한 놀라운 사건을 목격한 거라사 지역 주민들의 반응이 충격적입니다. 그들은 예수가 자신의 지방에 머물러 있기를 거부하였습니다. 예수의 이적에 대해선 철저하게 놀라워했지만 그들은 예수가 자신과 함께 하는 것 또한 철저함으로 거부했습니다. 이유는 그들의 생계수단이었던 돼지 떼가 몰사했기 때문입니다. 우리는 이 대목에서 초월적 현상의 궁극인 생명 세계에 들어가기 위해 필연적으로 요청되는 두 가지 결단을 확인하게 됩니다. 하나는 귀신들린 자가 단지 공공의 적, 공공 자비의 대상으로서 무덤가를 오가던 한 남자에게만 국한된 이야기가 아니란 사실의 발견입니다. 이는 곧 실상 군대 귀신들린 자는 거라사 지방의 모든 지역주민에게 해당된다는 의미입니다. 또 하나는 그 집단성, 군대귀신이란 집단성의 악마적 틀에서 주조해낸 일련의 재화 가치에 대한 인식을 바꾸는 길입니다.

▌5:25~34 - 혈루증 여인

25 그 무리 가운데는 열두 해 동안이나 하혈병으로 고생하는 여자가 있었다.

26 그 여자는 많은 의사를 찾아다니며 치료받았으나 돈만 허비하였을 뿐 오히려 상태가 더 나빠졌다.

27 그럴 즈음에 예수께서 놀라운 이적을 행하신다는 소문을 듣고 무리 속에 끼여 따라가다가 뒤에서 예수의 옷에 손을 대었다.

28 그것은 '그분의 옷에 손을 대기만 해도 병이 나을 것이다'라는 믿음이 있었기 때문이다.

29 과연 그 여자는 예수의 옷자락에 손을 대자마자 하혈이 멈추면서 병이 나은 것을 느낄 수 있었다.

30 예수께서는 곧 자신에게서 병 고치는 능력이 나간 것을 아시고 돌아서서 무리들을 둘러보며 물으셨다. '누가 내 옷에 손을 대었느냐?'

31 그러자 제자 한 사람이 '이렇게 많은 무리가 사방에서 밀어대고 있는데 누가 선생님께 손을 댔는지 어떻게 알 수 있겠습니까?' 하고 반문하였다.

32 그러나 예수께서는 여전히 주위를 둘러보며 손댄 사람을 찾으셨다.

33 그때 그 여자는 자기 몸에 일어난 일을 알기 때문에 두려워 떨며 예수의 발 앞에 엎드려 자기가 한 일을 그대로 말씀드렸다.

34 예수께서 그 여자에게 말씀하셨다. '딸아, 네 믿음이 너를 구원하였다. 평안히 가거라. 그리고 네 병에서 완전히 해방되어 건강해져라.'

피가 흐른다는 것은 질병, 그 중에서도 종교적 저주를 담보로 한 불결한 것으로 취급됩니다. 그러한 해석이 가능한 근거는 당시의 미개한 성차별주의, 야만성의 수용 등에도 원인이 있겠으나 중요한 건 이 피 흐름의 지속성이 어느 한 특정한 여자만의 문제가 아니라 이 역시 모든 이들의 영적 무감각이 낳은 상태를 압축한 테마로 볼 수 있습니다.

예수의 공생애 중 발생되는 모든 테마에는 이렇듯 질병을 앓던 치유 당사자와 그 질병을 지켜보고 있던, 그래서 예수가 승천한지 10년, 20년이 지나도 그 사실을 구전의 전통으로 나눠 갖고 있었던 무리로 번역되는 이들의 의식 속에 남아있는 구경꾼들에게 공통적인 비중을 할애하고 있습니다. 즉, 혈루증 여인을 치유하셨을 때, 예수는 그 여인 한 명만을 치유한 것이 아닙니다. 그 여인을 지켜보고 있던 영적 상징으로서 무감각의 늪 속을 헤매는 피 흘리는 구경꾼으로서의 무리들이 전체적 맥락에서 혈루증 여인이며, 오늘날 이 말씀을 읽고, 듣고, 깨닫는 우리 그리스도인에게도 예수의 치유 사건, 그 영적 감흥이 지속되는 것입니다.

▌5:38~43 - 죽은 것이 아니라 잔다

38 일행이 야이로의 집에 이르렀을 때 사람들이 통곡하고 있는 것을 보시고
39 예수께서 말씀하셨다. '왜 이렇게 소란하게 울고 있느냐? 그 아이는 죽은 것이 아니다. 잠을 자고 있을 뿐이다!'
40 사람들은 예수를 비웃었다. 그러나 예수께서는 그들을 내보내신 후 그 아이의 부모와 세 제자만을 데리고 아이가 누워 있는 곳으로 들어가셨다.
41 그리고 아이의 손을 잡고 '달리다굼!'이라고 말씀하셨다. 이 말은 '소녀야, 일어나라' 하는 뜻이다.
42 그러자 소녀가 곧 일어나서 걸어 다녔다. 그 소녀의 나이는 열두 살이었다. 소녀의 부모는 너무 놀라서 꿈인지 생시인지 분간을 못할 지경이었다.
43 예수께서는 그들에게 이 일을 아무에게도 알리지 말라고 엄하게 이르신 뒤, 소녀에게 먹을 것을 주라고 하셨다.

예수가 회당장의 딸, 육체의 숨이 끊어진 소녀를 다시 살려낸 이 이적행위의 역사성은 지지되어 마땅할 것입니다. 하지만 그 역사성을 지지함이 곧 믿음의 궁극적 방향은 아닙니다. 오히려 우리는 예수가 회당장의 딸을 살려내는 이 지점에서 하셨던 한 마디 말에 주목할 필요가 있습니다.

예수는 회당장의 딸이 죽은 것이 아니라 잔다고 표현했습니다. 그러나 분명 소녀는 죽었습니다. 그렇다면 예수가 횡설수설한 것인가요? 그렇지 않습니다. 여기서 예수는

우리에게 죽음의 관점에 대한 새로운 패러다임을 제시합니다. 즉, 예수에게 진정한 죽음은 하나님의 생명과의 격리, 그 고통스런 격리 상태의 지속 그 자체입니다. 그런 맥락에서 예수가 본 당시 생명의 숨을 쉬지 못한 사람들은 모두 죽어있는 것입니다. 이 죽음, 죽음보다 깊은 잠에 빠져 있는 영적 고통으로부터의 해방이 예수에겐 필연적 화두였던 것입니다.

▌6:3~4 - 마리아의 아들 목수

3 '저 사람이 어디서 이런 놀라운 지혜와 권능을 얻었을까? 저 사람은 우리보다 하나도 나을 게 없는 목수가 아닌가? 마리아의 아들이고, 야고보와 요셉, 유다, 시몬의 형이 아닌가? 또 그의 누이들도 여기서 우리와 같이 살고 있지 않은가?' 그들은 예수를 믿으려 하지 않았다.
4 예수께서는 그러한 고향 사람들이 안타까운 듯이 '예언자는 어디서나 존경받지만 자기 고향과 친척과 자기 집에서만은 존경받지 못한다.'고 말씀하셨다.

당시 목수 직업의 개념을 돈은 못 벌지만 나름 도덕적 청결을 유지하는 존재로 인식하는 것은 곤란합니다. 당시 목수는 이방 종교와 식민지 국가인 로마와 관련된 나무 목상, 우상의 상을 깎는 일을 하던 직업군에 속합니다. 지금처럼 가구를 만들고 의자를 만드는 일은 당시 목수 업무에서 번외에 속하던 일이었습니다. 그렇다면 예수는 당시 종교 지도자들의 눈에 볼 때, 로마 이방 종교의 우상의 목상이나 깎던 이교도 중에서도 이교도로 여겼을 것이 자명합니다. 그런 그들의 종교적 관념 속에서 예수가 메시아로 인정되기는 불가능했을 것입니다. 그러나 예수가 품고 있는 목수의 개념은 또 하나의 개념을 파생합니다. 바로 목수란 단어의 희랍어 유래어인 $\tau\iota\kappa\tau\omega$틱토입니다. $\tau\iota\kappa\tau\omega$틱토는 무언가를 낳다, 산출하다는 의미를 갖습니다. 예수는 참 사람의 생명, 본질의 숨을 갖고 비본질의 터전에 들어와 스스로 저주를 감당하셨습니다. 자신을 우상으로 옹립하려 하는, 그 반대로 본질을 견디지 못하고 그를 제거하려 하는 모든 악마적 광기의 중심에서 물러나지 않았고, 결국 참 사람을 억압하는 사람들의 광기에 의해 죽임을 당했습니다. 그 죽임이 곧 예수에게는 새로운 생명을 잉태하는 $\tau\iota\kappa\tau\omega$틱토, 영적 생명의 산출이 되었던 것입니다.

▌6:7~13 – 더러운 영들의 권세

7 그리고 열두 제자를 불러 더러운 귀신을 쫓아내는 능력을

주시고 둘씩 짝지어 보내셨다.
8 예수께서는 그들에게 '여행할 때 지팡이 외에는 먹을 것도, 자루도, 돈도,
9 갈아 신을 신과 갈아입을 옷도 가지고 다니지 말라'고 이르셨다.
10 그리고 이렇게 말씀하셨다. '어느 마을에 가든지 그곳을 떠날 때까지 한 집에 머무르라.
11 어떤 마을이든지 너희를 환영하지 않거나 너희 말을 듣지 않거든 그곳을 떠나되 나올 때에는 그들에게 경고하는 표로 너희 발에서 먼지를 떨어 버리라.'
12 제자들은 길을 떠나 만나는 사람마다 회개하라고 가르치고
13 많은 귀신들을 쫓아내며 병자들에게 기름을 발라 낫게 하였다.

주목해 볼 만한 구절입니다. 제자파송으로 알려진 이 장면은 마가복음 이외에도 마태, 누가복음에서 공히 소개된 장면입니다. 하지만 공관복음의 시초로 알려진 마가복음에서는 마태나 누가복음처럼 더러운 영들을 쫓아낼, 물리칠 권세로 번역되지 않습니다. 희랍어 성서를 보면 그냥 이렇게 표현되었습니다. '더러운 영들의 권세'를 주었다고 말입니다. 아마도 마태나 누가복음 기록자가 마가복음의 표현이 거칠다고 생각해 더러운 영들을 쫓아낼, 물리칠 권세로 번역했을 가능성이 높습니다. 하지만 마태와 누가의 표현이 절대적으로 옳은 것도, 틀린 것도 아닙니다. 두 표현 모두 하나의 가능성 안에서 유효하며, 오히려

마가복음에서 나타난 예수의 제자 파송시 사용된 더러운 영들의 권세를 제자들에게 주었다는 명제가 더욱 설득력 있어 보입니다. 영적 상관성의 맥락에서 보면 분명 그렇습니다.

이 무슨 말일까요? 왜 예수는 제자들에게 더러운 영들의 권세를 주었던 것일까요? 이는 역설입니다. 어쩌면 예수는 제자들에게 지상에서 활동할 만 한 아무런 권세를 주지 않으셨던 건지도 모릅니다. 양적 기준과 경쟁논리, 상대에 대한 정복과 심판의 관념 속에 포박된 땅의 권세가 아닌 하늘로부터 온 권세를 허락한 것이 예수가 제자들에게 부여한 참 권세일 것입니다. 그러나 이 하늘로부터 온 권세를 감당하기 위해서는 먼저 제자들, 오늘의 우리 그리스도인들의 내면을 지배하고 있는 참 영 아닌 영, 생명 아닌 생명의 모사물模寫物, 종교성의 탈을 쓴 추악한 욕망인 더러운 영을 발견할 필요가 있습니다. 그런 맥락에서 예수가 제자들에게 허락한 '더러운 영들의 권세'는 제자들과 오늘의 그리스도인들이 반드시 해체해야 할 뿌리 깊은 오욕의 관습, 집단성에 호소하는 권세입니다. 눈에 보이는 욕망과 탐욕, 표층적 현상의 노예가 된 상태에서 만일 하늘로부터 온 권세를 받게 되면 그야말로 그것은 재앙이기 때문입니다.

▌6:21~24 - 내 나라의 절반

> 21 그러던 중 마침내 헤로디아에게 좋은 기회가 왔다. 헤롯은 그의 생일날에 대신들과 천부장들과 갈릴리의 귀인들을 청하여 잔치를 베풀었는데
> 22 그 자리에 헤로디아의 딸이 나와서 춤을 추어 헤롯과 거기 앉은 모든 사람들을 기쁘게 하였다. 그러자 왕이 소녀에게 '무엇이든지 네가 원하는 것을 말해보아라.
> 23 나라의 절반이라도 달라면 주겠다' 하고 맹세의 말을 하였다.
> 24소녀는 나가서 자기 어머니 헤로디아에게 무엇을 달라고 하면 좋겠느냐고 물었다. 그러자 헤로디아는 '침례 요한의 머리를 달라고 하여라'고 시켰다.

과연 헤롯에게 나라의 개념은 무엇일까요? 이는 비단 당시의 정치적 기회주의자이며 권모술수에 능한 헤롯에게만 해당되는 이야기가 아닙니다. 오늘의 사회에선 헤롯이 곧 교회에서 간증집회에 나와 간증할 만 한 대상이 되었습니다. 헤롯처럼만 사리사욕에 밝고 탐욕에 솔직하면 성공할 수 있을 거라는 분위기가 현실이 되어버렸기 때문입니다. 그렇다면 그러한 헤롯에게 나라의 절반은 어떤 의미일까요? 성서에서 나타나는 절반의 개념은 인간 존재의 양가적 가능성을 상징합니다. 헤롯에게도, 오늘의 우리에게도 나라, $\beta\alpha\sigma\iota\lambda\epsilon\iota\alpha$ 바실레이아는 두 가지 가능성으로 우리에게 손을 내밀고 있습니다. 하나의 나라는 존재의

욕구와 욕망, 집단성이 잉태하고 허락한 시스템을 통해 쟁취된 이른바 내 마음대로 할 수 있는 소유물의 개념입니다. 그러나 또 다른 절반의 나라는 다릅니다. 그 나라는 하나님 나라입니다. 이는 사후 세계에 가는 천국만을 뜻하는 것이 아니라 바로 지금 우리 존재 속에서 투명한 생명의 불꽃으로 타오르는 하나님의 기쁨과 사랑의 극치인 것입니다. 그 나라에서는 소유 개념, 욕망의 개념이 무용합니다. 사도행전 초대교회의 서로 나눔의 가치가 거리낌 없이 실현될 수 있는 내적 혁명의 동력으로 충만합니다. 그러나 헤롯은 자신에게 남아있는 절반의 가치마저 자신의 욕망이 잉태한 소유 개념의 구렁 속에서 쏟아내려고 합니다. 나라, $\beta\alpha\sigma\iota\lambda\varepsilon\iota\alpha$ 바실레이아가 결코 소유와 쟁취의 개념이 아니란 사실에 대한 자각을 망각한 채 말입니다.

▌6:37~44 – 오병이어

37 그러나 예수께서 말씀하셨다. '너희가 먹을 것을 주어라.' 제자들이 '무엇을 가지고 먹입니까? 이 많은 사람이 먹을 만큼 사오려면 200데나리온은 있어야 합니다' 하고 말하자
38 예수께서 물으셨다. '지금 가지고 있는 음식이 얼마나 되느냐? 가서 알아보아라.' 그들이 돌아와서 떡 다섯 덩이와 물고기 두 마리가 있다고 보고하였다.
39 예수께서 많은 무리에게 모두 앉으라고 명하시자

40 그들은 50명씩, 100명씩 떼를 지어 풀밭에 앉았다.
41 예수께서는 떡 다섯 덩이와 물고기 두 마리를 손에 들고 하늘을 우러러 감사기도를 드리셨다. 그러고는 떡을 여러 조각으로 나누어 물고기와 함께 제자들에게 주시며 사람들에게 나누어 주라고 하셨다.
42 많은 무리가 모두 배불리 먹었다.
43 그리고 남은 떡덩이와 물고기를 주워 모으니 열두 광주리에 가득 찼다.
44 그날 떡을 먹은 사람은 남자만도 5천 명이나 되었다.

이 사건은 역사적 실제를 바탕으로 하고 있지만, 팩트 사실의 엄밀성 여부를 신앙의 기준으로 삼는 것은 곤란합니다. 즉, 실제로 오천 명을 먹인 거냐, 아님 더 적게, 혹은 더 많이 먹인 거냐 라는 식의 접근 말입니다. 오병이어 이적을 통해 강조되는 핵심은 땅의 양식을 하늘을 바라보며 이뤄내신 예수의 양식 개념에 대한 이중 패러다임의 성취에 있습니다. 예수를 바라본 이들의 열망은 땅의 예수와 하늘의 예수로 혼재되었습니다. 그러나 예수는 궁극적으로 자신을 하늘의 예수, 참 생명을 허락한 하나님 계시의 결정체, 그리스도로서 바라보고 신앙하길 원했습니다. 그러나 그 하늘의 예수는 하늘이란 무한과 불확실, 불연속의 영역 속에서 자신의 하늘 됨을 천명하지 않았습니다. 그 반대로 철저한 땅의 차원, 배고픔, 고통, 아픔,

질병, 감정의 슬픔, 불안과 공포로 어그러진 이 땅 한복판에 땅의 예수로 오셨습니다. 오병이어 이적 역시 땅의 예수의 극치를 보여준 사건입니다. 그러나 이 땅의 예수는 하늘을 바라보았습니다. 그는 본래적으로 하늘의 예수였던 것입니다.

그러므로 이제 그리스도인의 삶의 방향은 더욱 명확해집니다. 똑같은, 부정도 긍정도 아닌 이 땅의 떡을 대하는 가장 세속적인 순간순간에서도 우리를 하늘로 인도하는 생명의 패러다임을 발견하는 것, 이 생명의 이중 긴장 속에 우리 자신을 노출시키는 것. 그것 하나입니다.

▍6:52 – 완고하여짐

> 52 그들은 바로 전날에 군중들에게 떡을 먹이신 이적을 보고도 아직 예수께서 어떤 분인지를 알지 못하였던 것이다. 이는 그들의 마음이 무뎌져 있었기(완고하여졌기) 때문이다.

제자들은 분명 예수의 이적에 대해 일관된 반응을 보였습니다. 예수가 바람과 바다를 꾸짖으시고 물 위를 걸으시는 이른바 초자연적인 현상을 몰고 올 때마다, εξιστημι 엑시스테미, 경악할 정도로 놀라 두려움을 느낀 것입니다. 그러나 이런 제자들의 일관된 반응에 대해 예수는, 마가복음 기록자는 그들의 마음이 완고, 딱딱해져가기 때문이라고 했습니다.

우리는 소위 예수를 처음 믿을 때, 우리 존재에게 표층적 현상, 종교감정으로서의 극적이고 믿을 수 없는 고양됨의 사건이 일어날 수도, 일어나지 않을 수도 있습니다. 하지만 그것은 어디까지나 믿음의 시작일 뿐입니다. 예수가 원하는 것은 표층적 현상을 통해 나타난 생명의 현현을 표층적 현상의 의미군 안에 머물러 두는 것을 단호히 거부하는 영적 광야, 교회의 생명 가치로 전환되어 예수의 그리스도 되심, 그 말씀됨의 길을 걸어가 급기야 예수 생명이 오늘 나의 생명이 되는, 하나의 포도나무가 되는 생명수혈의 존재론적 극치로 나아가길 원하신 것이며, 바로 그러한 하나님의 뜻을 전하러 오신 것이 계시, 그리스도로서의 예수가 품은 사명이었을 것입니다.

그런데 이러한 뜻, 거대한 생명 섭리의 지향성을 외면한 체, 혹은 지향성에로의 투신을 망각하거나 그에 대해 철저히 무지한 체 자신의 종교 감정에만 의존하여 표층적 현상에서의 이적을 갈구할 때, 존재의 내면은 시간이 갈수록 완고해질 것입니다.

제4강
너희에게 나는 무엇이냐

외식하는 자들과 십자가의 길

제4강
너희에게 나는 무엇이냐
외식하는 자들과 십자가의 길

▌집단의 전통, 관습화, 그 치명적 함정에 대하여

전통은 분명 아름다운 미덕입니다. 사람들 사이에 형성되는 문화와 지혜의 소산이기 때문입니다. 또한 사상과 인류가 보편적으로 받아들일 수 있는 상호간 삶의 합의로 인해 도출된 전통, 전통성은 사람들이 살아가는 데 있어서 필수불가결한 미덕으로 보입니다. 이를 부정하자는 것은 아닙니다만 전통성이 갖고 있는 필연의 성향이 기독교 신앙에서도 그대로 적용된다는 것은 무리가 있다고 보입니다. 기독교, 특별히 프로테스탄트 정신을 앞세우는 개신교는 사람들 사이의 합의의 결과인 전통을 충분조건으로 생각하지, 필요조건으로 생각하지 않기 때문입니다. 그것이 곧 프로테스탄트의 근본원리이기도 합니다.

전통은 역사성에 호소하려 합니다. 우리 민족은, 우리 종교는 유구한 역사를 통해 오늘의 국가, 민족, 종교를 유지해 왔다는 등등의 주장입니다. 물론 이 전통은 충분히 존중받아야 합니다. 하지만 존중하는 것과 신앙하는 것은 다릅니다. 신앙은 역사적이면서 동시에 탈역사적입니다. 예수가 다윗의 자손임과 동시에 다윗이 주로 부르던 주님이란 사실을 잊지 않는다면 이 명제는 타당합니다. 예수는 유대인의 몸으로, 그 혈통을 통해 이 땅에 나타나셨지만 또한 예수는 사마리아인들과 이방 백성들, 죄인과 세리들과 함께 어울리심으로서 역사성과 전통성의 틀에 갇히는 것을 철저히 거부하셨습니다. 어떻게 보면 전통 파괴의 모습을 가지셨다고 해도 과언은 아닙니다.

전통성의 틀 안에 주님의 말씀을 가두어선 안 됩니다. 어느 사회의 체제유지 원리들도 그렇지만 종교, 개신교는 특별히 이 전통성의 함정을 인식하고 경계해야 합니다. 주님이 세운 교회는 오직 말씀과의 관계성 속에서 전통과 역사를 바라봐야 합니다. 사람들과 사회, 문화의 상호간 합의에 의해 도출된 질서의 의미는 그 질서, 전통이 존재로 하여금 보다 더 또렷하게 생명이신 하나님과 조우할 수 있도록 지원해주는 역할에 있습니다. 만약 전통성이 그 이상의 역할, 이른바 이것이 곧 신이 남긴 영원불변의 표지라는 식으로, 도그마를 형성하려 한다면 그 전통성은 더 이상 생명의 연합을 지원하는 것이 아닌 우상숭배의 핵심으로 전락할 것입니다.

▌표적주의의 집단성, 표적주의로부터 탈주된 집단성(참된 공동체성)의 차이에 대하여

집단영성을 보다 효과적으로 결집하고 유지하는 수단 중 하나는 표적주의입니다. 표적주의는 초월적이고 신비적인 가시적 효과, 종교적 감흥을 앞세우기도 하며, 또 한편으론 눈에 또렷이 드러나는 행함을 통해 '우리 교회는 이러 이러한 일을 하고 있다'는 식의 주장으로 인해 교회의 존재의미를 분명히 하고자 합니다. 하지만 이 두 가지 표적은 선, 후 분명한 설정이 요구됩니다. 다시 말해 표적을 일으키는 동인動因의 충만함이 선행되어야 한다는 것입니다. 표적을 우리가 살고 있는 현상 속에 펼쳐 놓는 궁극의 동력은 하나님의 뜻, 그리스도 예수의 가르침에 대한 천착입니다. 말씀으로의 집중이 존재로 하여금 무한자 하나님과 교류할 수 있도록 해주며, 그러한 신적 교류로 인해 그리스도인 영혼 각자의 개별영성을 회복하게 될 때, 그때 비로소 참 공동체가 형성되는 것이며, 그 공동체가 표적으로 상징되는 의미 있는 사역을 감당할 수 있는 것입니다.

▌7:5~13 – 장로들의 유전, 하나님의 말씀

5 바리새파 사람들과 율법학자들이 예수께 물었다. '왜 당신의 제자들은 우리의 옛 관습을 따르지 않고 더러운 손으로 그냥 음식을 먹습니까?'

6 예수께서 이렇게 대답하셨다. '이 위선자들아! 이사야가 너희에 대해 이미 적절한 예언을 하였다.'이 백성이 나를 섬긴다고 주장을 하지만 사실은 말로만 나를 섬기고 높일 뿐 마음은 내게서 아주 멀리 떠나 있다.

7 그들이 나를 경외하며 제물을 바친다고 해도 아무 쓸모없는 일이다.

8 그들은 나를 세계의 주인으로 인정하지 않고 자기들에게 편리한대로 생각해 내어 만든 규정에 따라서만 나를 높이고 섬기기 때문이다.' 얼마나 옳은 말이냐! (70인역 사29:13)

9 너희는 하나님의 율법을 버리고 너희 자신의 전통만을 고집하고 있다. 그러나 사실은 너희 자신의 전통을 지킨다는 명목으로 사람들을 짓밟고 있으니 그것이야말로 하나님의 율법을 어기는 것이다.

10 모세는 '네 부모를 공경하라'고 하였고, '어미와 아비를 우습게 여기는 자는 반드시 사형에 처하여야 한다'고 하였다.

11 그런데 너희는 부모에게 '미안합니다. 저는 부모님을 도와드릴 수 없습니다. 부모님께 드려야 할 것을 하나님께 드렸기 때문입니다' 하고 말하기만 하면 된다고 하면서

12 진정으로 부모에게 아무것도 해드리지 못하게 하고 있지 않느냐?

13 이것이 바로 너희들 인간이 만든 전통을 지키기 위해 하나님의 율법을 어기고 있는 것이 아니란 말이냐? 이는 단 하나의 예에 불과하다. 그밖에도 너희는 그와 비슷한 일을 많이 저지르고 있다.'

우리는 너무나 쉽게 바리새인들은 외식하는 위선자들이란 선악구도로 성서를 읽습니다. 하지만 그것은 대상의 외재화外在化를 촉발시켜 성서를 읽는 자아의 책임을 면피시키는 면죄부로서의 성서읽기에 머무를 위험성을 안고 있습니다.

장로들의 유전 역시 구약 계명의 일부란 사실에 주목할 필요가 있습니다. 이 모든 것은 사실상 동일한 하나님의 말씀입니다. 그런데 예수는 이 동일한 하나님의 말씀을 장로로 대표되는 종교 지도자들이 장로들의 유전으로 바꾸어 받아들이고 있다고 지적합니다. 여기에 생명의 계시가 갖는 메타meta적 신비가 있습니다. 즉, 계명은 내가 이것을 지켜서 나와 관계하고 있는 존재, 숭배자에게 - 신, 하나님 - 나의 공적을 인정받거나, 최소한 진노의 범주로부터는 자유하게 될 거라는 자기 확신, 자기만족을 통해 인정되는 것이 아닙니다. 계명의 궁극은 그 계명이 의미하는 생명의 맥락 안에서 나를 발견하는 것이며, 더 직설적으로 말해 이러한 계명을 통해서 나와 하나님의 관계는 상호교류적인 것이 아니라 철저히 일방적이며, 철저히 계시적이라는 사실의 고백에 있는 것입니다. 계명은 그 고백을 참된 내면에서 길어 올리기 위해 존재하는 것입니다.

그렇다면 우리에게 주어진 계명의 지시성은 무시해도

좋다는 이야기일까요? 그러한 상태의 질문 자체가 계명의 존재론적 패러다임을 바라보지 못하는 수평성의 함정입니다. 우리에게 주어진 계명의 각론적인 실천성은 우리 사회의 양심과 도덕률의 상태에 부합되는 형태로 실천해 나가는 것이 그리스도인의 자연적인 양식성의 발출입니다. 그러나 이제 그리스도인은 새로운 패러다임의 틀 속에서 계명을 실천합니다. 계명은 인과율의 관계처럼 '내가 어느 정도 공들인 이 정량만큼 쟁취해낸 대가로 은총의 효과가 주어질 거라'는 모든 욕망의 덫으로부터 우리 존재를 해방시키는 것입니다.

▌7:20~23 - 사람에게서 나오는 것

> 20 그리고 덧붙여 말씀하셨다. '사람에게서 나오는 것이 사람을 더럽힌다.
> 21 곧 인간의 마음에서부터 악한 생각이 나와서 도둑질, 살인,
> 22 간음, 탐욕, 악의, 사기, 방탕, 시기, 중상, 교만, 그리고 여러 가지 어리석은 죄를 짓게 한다.
> 23 이 모든 악한 것이 너희 마음속에서 나와 너희 육신을 더럽히며 하나님 앞에 설 수 없는 사람으로 만드는 것이다.'

존재의 원죄적 속성을 적나라하게 들춰내는 예수의 통

렬한 지적이 아닐 수 없습니다. 그러나 예수의 가르침에서 핵심을 이루는 것은 원죄적 속성의 원인과 결과입니다.

　그 원인과 결과는 동일한 한 단어에서 개별적으로 관계 맺습니다. 이를테면 이렇습니다. 사람의 마음으로부터 나온 악성으로서 음란, 도적질, 살인이 등장합니다. 이 음란과 도적질, 살인은 사람들이 살아나가는 공동체, 국가, 사회전반에서 비도덕적, 불법적 행태의 굴레로 인식됩니다. 하지만 예수가 지적한 세 가지 단어는 단지 비도덕적, 반사회적 행태의 결과에만 주목하지 않으셨습니다. 왜냐하면 도적질, 음란, 살인은 일단 사실적으로 한 존재가 저지른 범행의 결과이기 때문입니다. 그런데 예수는 그 범죄의 결과가 사람의 마음으로부터 나온다고 했습니다. 그렇다면 이는 도적질, 음란, 살인을 비도덕적, 반사회적 결과로 나오게끔 만드는 근원 동력으로서의 도적질, 음란, 살인이 존재함을 시사하는 것입니다. 그런 맥락에서 그 내면 동력으로서의 도적질, 음란, 살인 등등은 우리의 비도덕적 양심 체계를 아우르면서 동시에 본질로 파고드는 종교적 욕망, 내면성의 황폐로 집약됩니다.

▌7:26~30 - 수로보니게 여인

> 26 자기 딸에게서 귀신을 쫓아내 달라고 간청하였다. 그 여
> 자는 업신여김을 받는 헬라인으로 수로보니게 태생이었다.
> 27 예수께서 그 여자에게 말씀하셨다. '나는 먼저 내 식구들
> 인 유대인들부터 돌봐야 한다. 자녀들이 먹을 음식을 강아
> 지에게 던져 주는 것은 옳지 않다.'
> 28 그 여자가 대답하였다. '선생님, 옳은 말씀입니다. 그렇지
> 만 상 밑에 있는 강아지도 아이들이 흘린 부스러기는 얻어
> 먹질 않습니까?'
> 29 그러자 예수께서 말씀하셨다. '그래, 훌륭한 대답이다. 내
> 가 네 어린 딸을 고쳐 주겠다. 집으로 돌아가라. 귀신이 벌
> 써 네 딸에게서 떠나갔다.'
> 30 그 여자가 집에 돌아가 보니 어린 딸은 조용히 자리에
> 누워 있었고 귀신은 떠나가고 없었다.

생명의 참의미를 밝히는 역설의 극치를 이루는 가르침
입니다. 이 예화는 단지 이방 여인이 자신을 개만도 못한
존재에 비유하면서까지 예수의 은총을 열망했던 자기낮춤
의 미덕을 칭송하고자 함이 아닙니다. 당시 유대인들, 마
가복음이 기록될 당시의 유대교 기독교도조차도 혈통적으
로 이방에 속하는 인종들에 대해서 철저히 냉정했습니다.
그들을 개로 부르는 것을 일상화했습니다. 예수는 유대인
이었습니다. 하지만 유대인의 혈통, 관습의 틀에서부터 해
체를 천명하셨습니다. 그것은 생명의 본질이 아니었기 때
문입니다. 그러나 혈통, 관습의 틀에서 메시아, 우상을 찾

던 유대인들은 본질의 숨을 자신들의 식탁, 자녀들의 식탁에 갖고 온 예수의 생명을 감당하지도, 감당하려고도 하지 않았습니다. 결국 그들은 자신들과, 모든 인류의 메시아를 저주하며 쳐 죽였습니다. 예수는 그로 인해 건축자들의 버린 돌, 부스러기가 되었습니다. 그 부스러기가 지금 자신의 참 죄인된 모습을 자각한 이방인들, 우리 인류에게 생명의 양식으로 제시되었습니다. 예수는 지금 이러한 생명 원리를 천명하시면서 종교적 관습과 혈통의 집단성에 연루된 집단주의의 종언을 고한 것입니다.

▋ 7:32~36 - 에바다

32 사람들이 귀먹은 반벙어리 한 사람을 데리고 와서 그에게 손을 얹어 고쳐 달라고 간청하였다.
33 예수께서는 그 사람을 군중들 틈에서 따로 불러내어 손가락을 그의 양쪽 귀에 넣으셨다가 침을 발라 그의 혀에 대셨다.
34 그리고 나서 하늘을 우러러 탄식하시며 '에바다!' 하고 명령하셨다. 이는 '열려라!'라는 뜻이다.
35 그러자 그 사람은 즉시 귀가 열리고 혀가 풀려서 완전히 듣고 말할 수 있게 되었다.
36 예수께서는 군중에게 이 소문을 퍼뜨리지 말라고 말씀하셨으나 엄하게 이르면 이를수록 사람들은 더욱더 그 소문을 퍼뜨렸다.

32절에 제시된 귀먹고 어눌함이 실제로 눈에 보이는 장애를 겪고 있는 분들에게만 해당되는 사건일까요? 오늘의 우리는 우리의 삶에 대해, 우리 자신의 생명에 대해, 그 성스러운 영적 울림을 들을 귀를 갖고 있을까요? 우리 생명에 대해 어눌하지 않고 자신 있게 말할 수 있을까요? 그런 맥락에서 에바다를 이끌어낸 사건 역시 실제를 바탕으로 어제와 오늘, 그리고 내일, 생명에 대해 말 못하고 듣지 못하는 존재의 혁명을 위해 주어진 성령의 음성이라는 명제에는 의심의 여지가 없다고 생각합니다.

하지만 예수는 이 성령의 음성을 아무에게도 말하지 말라고 하셨습니다. 이 무슨 의미일까요? 이 음성은 누군가에게 표층적 표적으로 말할 수 있는 성질의 것이 아니기 때문입니다. 이 음성이 참 울림으로 울려 퍼져 우리의 귀 멀고 어눌해진 입이 교정되는 사건의 체험과 교류는 오직 생명이신 그리스도 앞에 선 단독자, 곧 주체적 성도인 개인의 내면이기 때문입니다. 이 내면의 신비를 체험하고 나누는 길은 단지 표층적 현상을 떠도는 세속을 표류하는 언어의 하수 속에 흘려보내는 것이 아니라 생명의 담지체인 말씀을 통해, 말씀 안에서 하나가 되는 교제를 통해 담아내는 것입니다.

▌8:11~12 - 지루한 표적

> 11 바리새파 사람들이 많은 이적을 보았음에도 불구하고 또 다시 예수를 떠보려고 찾아와 이렇게 말하였다. '하늘의 표징을 보여주시오. 그러면 우리가 당신을 믿겠소.'
> 12 예수께서는 이 말을 듣고 마음속으로 깊이 탄식하며 말씀하셨다. '아무것도 보여주지 않겠다. 너희가 얼마나 많은 표징을 더 보아야 믿겠느냐?'

바리새인들은 계속해서 열심히 하늘로부터 온 표적을 찾았습니다. 하지만 이들의 집요함이 과연 한심하고 믿음 없음으로 표현될 수 있을까요? 그렇지 않습니다. 이들의 집요함은 곧 이들의 진정성입니다. 문헌학적 고증에 의하면 당시 바리새인들과 종교 지도층이 모두 예수를 배척한 것은 아니었습니다. 그들 중에서도 진지한 나름의 진정성을 갖고서 예수의 그리스도, 메시야 되심에 대한 의문을 피력했던 것을 볼 수 있습니다. 그러나 그런 그들에게 발현될 수 있는 진정성이란 고작 이런 것입니다. 표적! 표적! 표적을 달라는 것 외에 그들은 아무 것도 구하지 않았습니다. 그러나 그들이 그토록 찾던 표적은 바로 그리스도 예수 자신입니다. 말씀인 그 존재 자체인 것입니다. 그런데 어째서 표적 앞에서 그들은 끊임없이 표적을 갈망했던 것일까요? 패러다임이 일치하지 못하기 때문입니다.

▌8:15~21 - 바리새인의 누룩

15 그런데 도중에 예수께서는 제자들에게 '헤롯왕의 누룩과 바리새파 사람들의 누룩을 조심하라'고 말씀하셨다.
16 제자들은 아마도 자기들이 양식 가져오는 것을 잊어버려서 그런 말씀을 하시는가 보다 하고 서로 걱정하였다.
17 그러자 예수께서는 그들의 마음을 아시고 이렇게 말씀하셨다. '아니다. 그런 뜻이 아니다. 너희는 왜 깨닫지 못하느냐? 너희 마음이 그렇게도 무디냐?
18 너희는 왜 눈이 있어도 보지 못하고 귀가 있어도 듣지 못하느냐? 벌써 다 잊었느냐?
19 내가 떡 다섯 덩이로 5천 명을 먹였을 때 너희가 주워 모은 부스러기가 몇 광주리나 되었더냐?' '열두 광주리였습니다'
20 그들이 대답하자 예수께서 다시 물으셨다.'또 내가 떡 일곱 덩이로 4천 명을 먹였을 때는 얼마나 남았더냐?' '일곱 바구니였습니다' 하고 그들이 대답하자
21 예수께서는 '그런데도 너희는 아직 깨닫지 못하느냐?' 하고 말씀하셨다.

　　바리새인의 누룩은 눈에 보이는 빵이나 떡이 아닌 그들의 교훈입니다. 그들의 교훈은 외면적으로도, 그리고 그들의 내면으로도 그 치열함 만큼은 의심의 여지가 없습니다. 흔히 말하는 외식, 위선자처럼 바리새인들이 생명의 가르침을 잘 알고 있으면서 지키지 않는 것이 아닙니다. 그들은 치열한 열정과 종교적 열망에 불타올랐지만 진정

한 계명, 참 생명을 알지 못했던 것입니다. 그러나 그들, 그리고 오늘의 우리 역시도 그 모름을 모름으로 인정하지 않습니다. 차원이 다른 패러다임의 차이를 긍정하지 않고서 자신들의 모름으로서의 앎을 앎의 전부로, 앎의 지향점, 최종 목표로 설정합니다. 바리새인의 누룩은 그 허망한 최종 목표의 설정으로 인해 인간의 삶, 공동체의 삶에서 어느 순간 거대한 지배 이데올르기로 부풀어 올라 인간의 삶을 생명으로부터 점점 더 멀어지게 합니다.

▌8:22~26 - 마을에 들어가지 마라

22 일행이 벳새다에 이르렀을 때 사람들이 맹인 한 사람을 예수께 데리고 와서 그를 고쳐 달라고 간청하였다.
23 예수께서는 그 맹인의 손을 이끌고 마을 밖으로 나가 그의 두 눈에 침을 바르고 손을 얹으셨다. 그러고는 '무엇이 보이느냐?' 하고 물으시자
24 맹인은 주위를 살펴보며 '예, 사람이 보입니다. 그러나 똑똑하게 보이지는 않고 마치 나무 같은 것이 걸어가는 것처럼 보입니다' 하고 대답하였다.
25 예수께서 다시 그의 눈에 손을 대시자 눈이 열리고 시력이 완전히 회복되어 모든 것을 똑똑하게 보게 되었다.
26 예수께서는 그를 집으로 보내시며 '마을에는 들어가지 말라'고 말씀하셨다

마을로 들어가지 말라는 예수의 명령은 정황상으로 보면 분명 난센스입니다. 벳세다 지역에서 예수는 시각장애인 한 사람을 만나 그의 앞 못 봄을 치유하고는 다음과 같이 말합니다. 마을로 들어가지 말라고 말입니다. 하지만 그에 앞서서 예수는 시각장애인을 그 자신의 집으로 보냈다고 했습니다. 집으로는 보냈는데, 마을로는 들어가지 마라? 이 무슨 명령일까요?

집은 시각장애인의 실제 삶의 거처이기도 하지만 그가 앞으로 살아나가야 할 그 존재만의 고유한 삶의 영역입니다. 이 고유한 삶의 영역을 집단성으로 대표되는 마을이 대신할 수 없습니다. 그 마을은 시각장애인의 치유 이적의 신비를 단지 눈에 보이는 표층적 세계의 일회적 만족을 위해 소비할 것입니다. 오늘날 우리의 종교가 싸구려 복음, 근거 없는 면죄부를 남발하듯이 말입니다.

예수의 명령은 오늘의 그리스도인에게도 명징함으로 다가옵니다. 우리는 우리 내면의 치유를 오직 내 안에서 역사하시는 편재하는 영, 성령과의 내밀한 교통을 통해 확증, 발산해 나가야 할 것입니다. 이렇듯 한 개인의 영성이 충만의 고조를 체험할 때, 그 존재가 쏟아내는 내 이웃을 향한 사랑의 영성이 차고 넘침으로 전이될 것입니다. 그것이 곧 참된 의미에서의 전도입니다.

▌8:27~33 - 그리스도와 사탄

27 예수께서 제자들과 함께 갈릴리를 떠나 가이사랴 빌립보 지방의 여러 마을로 가셨다. 가시는 도중에 예수께서 제자들에게 물으셨다. '사람들이 나를 누구라고 하느냐?'
28 제자들이 대답하였다. '어떤 사람들은 선생님을 침례 요한이라고 합니다. 또 어떤 사람들은 엘리야라고 하고, 또 예언자 중의 한 사람이라고 하는 이도 있습니다.'
29 예수께서 다시 물으셨다. '너희는 나를 누구라고 생각하느냐?' 베드로가 대답하였다. '선생님은 그리스도이십니다.'
30 그러자 예수께서는 그들에게 그 사실을 아무에게도 알리지 말라고 엄하게 이르셨다.
31 그때에 비로소 예수께서는 자신이 많은 고난을 받고 유대인 지도자들과 대제사장들과 율법학자들에게 배척을 받아 그들의 손에 죽었다가 사흘만에 다시 살아나리라는 것을 제자들에게 알리셨다.
32 예수께서 이 같은 일을 사실대로 말씀하시자 베드로가 예수를 붙들고 '선생님이 그런 일을 당하셔서는 안 됩니다' 하고 말하였다.
33 그러자 예수께서는 돌아서서 제자들을 보신 다음 베드로에게 '사단아, 물러가라! 너는 하나님의 일을 생각지 않고 인간의 일만 생각하는구나' 하고 꾸짖으셨다.

마태복음과 누가복음에선 자신을 그리스도로 고백한 베드로에게 예수가 교회를 세워주겠다는 식으로 칭찬을 하였다는 기록이 등장하지만 마가복음은 그렇지 않습니다. 어떻게 보면 인색할 정도로 베드로의 고백을 어쩌면 3년 가까이 날 따라온 제자라면 당연히 고백해야 할 고백 정도로 받아들이는 예수의 태도를 행간의 여백을 통해 확인하게 됩니다.

그 대신 베드로의 행위의 본질을 부각시키는 장면은 타 공관복음서와 비교해도 작게 묘사되지 않았습니다. 바로 예수의 길을 가로막는 장면입니다.

한글번역에서는 보다 완화된 묘사가 쓰였지만 베드로는 십자가에 못 박여 죽임을 당하고 사흘 만에 살아날 것을 가르치신 예수의 멱살을 잡았습니다. 그리고 그런 일은 절대로 일어나선 안 된다는 말을 했습니다. 이것이 생명의 고조됨 열기를 체화시키지 못한 베드로의 가슴 아프지만 명백한 한계입니다. 만약 우리 신앙이 이런 상태에 머물러 있다면, 그리고 이러한 상태로부터의 탈주, 생명의식의 고양됨에 대한 의지 품음을 머뭇거린다면, 이런 상태에서 자행되는 신앙행위는 제아무리 충성되고 진실된 것이라 해도 결국 예수의 멱살을 잡는 험악한 배교적 열정 밖에는 안 되는 것입니다.

베드로의 이 열정 속에는 우리의 자아로서의 죽음을 통한 부활의 성취, 그 첫 열매가 되어주시는 그리스도 예수의 대속 사건이 갖는 절대적 표지에 대한 내면의 상想 자체가 결여되어 있습니다. 이 상을 처음엔 희미하게, 하지만 점점 더 선명하게 보여줄 수 있는 내면의 언어가 바로 성서 텍스트의 이적입니다.

제5강
너의 눈을 뽑아라
믿음의 의미와 부자 청년 이야기

제5강
너의 눈을 뽑아라
믿음의 의미와 부자 청년 이야기

▮ 혈통주의와 국가주의로 발전된
집단성에 대한 재고

예수는 과연 민족주의자였을까요? 여러 논의의 여지가 있겠지만 전체적인 관점에서 앞서 질문에 답한다면 'NO'라고 말할 수 있습니다. 그렇다면 예수는 국가주의자였을까요? 그에 대한 답 역시 당연히 'NO'입니다. 그렇다면 예수는 혈통주의자였을까요? 그 또한 아닙니다. 마지막으로 민감한 질문을 해볼까 합니다. 예수는 세리와 죄인, 가난한 자들을 위한 존재일까요? 이에 대한 답 역시 전체적 관점에서 보면'NO'입니다. 이 경우는 가난한 자에 대한 편가르기식 구분이 전제되었다는 걸 가정한 질문에 대한 답입니다. 다시 말해 가난한 자를 물질적 가난의 척도에서만 재단하는 기준입니다. 가난한 자, 세리와 죄인의 기준은 물리적으로 도식화되지 않습니다. 우리 모두가 가난한 자요, 죄인입니다.

　여기서 가난한 자라 함은 두 가지 방향으로 분리됩니다. 생명의 의미를 모르고 고아와 과부처럼 방황하는 의미로서의 가난한 자와 생명 의미를 깨닫고 그 깨달은 생명 원리를 값없이 고아와 과부처럼 방황하는 가난한 자에게 나눠주어 가난하게 되는 이른바 복 있는 자로서의 가난한 자가 그것입니다. 죄인 역시 두 가지 구분이 가능합니다. 생명, 창조주에 대한 인식 결여로 인한 죄인과 생명을 알게 되자 그 생명의 깊이를 자신의 지, 정, 의를 다해 인식하고 전파해야 할 의무를 가진 존재로서의 죄인, 크게 두 가지 의미로 분화되는 것입니다.

　이 대목에서 한 가지 확연해지는 것이 있습니다. 가난한 자와 죄인 모두 우리의 내면 안에서 주체적으로 일어나고 극복되어야 할 영적 과제란 사실입니다. 어느 특정 집단이나 특정 환경, 특별하게 구별된 국가 시스템이나 특수하게 진화된 민족성이 생명으로의 과정을 보다 효율적으로 지원해줄 순 있을 것입니다. 하지만 특정 집단이나 혈통, 민족이 존재 각자의 내면 안에서 이루어져야 할 주체적 사건과 길을 대신할 순 없습니다. 그런 맥락에서 예수는 철저한 개인주의자임과 동시에 철저한 전체주의자이셨음을 새삼 확인하게 됩니다.

▌집단영성에서 강화된 힘의 가족논리
(성차별, 가부장제 질서에 대한 합리화 재고)

집단영성이 불가항력적으로 강화하고자 하는 것은 질서입니다. 집단영성에 의존한 이들은 질서 유지를 위해선 반드시 힘을 가져야 한다고 이야기합니다. 또한 집단영성은 정신적, 물리적 폭력을 담보로 한 힘을 이야기할 때 시대의 양심과 관련해 구색 맞추기를 원합니다. 무력과 완력만으로 시스템을 통제한다는 소리 듣는 것을 허락하지 않으려 합니다. 그래서 끌고 들어온 게 가족논리입니다. 집단영성은 가족의 질서가 바로잡혀야 나라의 질서도 바로잡힐 수 있다는 식으로 이야기합니다. 집단영성의 전위에 선 교회는 가족의 질서를 교회의 질서로 치환합니다. 그와 함께 성서에서 전통적으로 언급된 가족 제도의 온갖 비합리적 요소들을 그것이 하나님의 말씀이란 논리를 들이밀어 설득하려 합니다. 그것은 엄밀히 말해 설득이 아니라 은근한 위협, 또는 불안 심리의 조장입니다.

이러한 힘의 논리에 대해 예수는 가족해체란 극단적 발언을 통해 그들이 추구하는 힘의 허상을 폭로하고 있습니다. 예수를 통해 말씀하시는 하나님의 관점에서 본 힘은 우리가 일반적으로 추구하는 힘과는 차원이 다릅니다. 하나님이 말하는 힘은 눈에 보이는 질서에의 옹호를 위해

헌신되는 힘이 아니라 각자의 주체적 영성을 성숙하게 만들고 그렇게 성숙된 영성의 소유자들이 새로운 패러다임의 조화를 모색하는 이른바 헤쳐모여의 공동체를 염원하게 만듭니다. 그것이 곧 새로운 공동체요, 새 예루살렘의 원형입니다.

▌9:2~13 - 변형

2 육일 후에 예수께서 베드로와 야고보와 요한을 데리고 따로 높은 산으로 올라가셔서 그들 앞에서 모습이 변하여,
3 그분의 옷이 땅 위의 빨래하는 이가 그렇게 할 수 없을 정도로 아주 빛나고 희게 되었다.
4 그리고 엘리야가 모세와 함께 그들에게 나타나서 예수님과 함께 이야기하고 있었다.
5 그러자 베드로가 예수께 대답하여 말하기를 "랍비님, 저희가 여기에 있는 것이 좋습니다. 저희가 초막 셋을 짓되 하나는 랍비님을 위하여, 하나는 모세를 위하여, 하나는 엘리야를 위하여 짓겠습니다." 하였으니,
6 이는 그가 매우 무서워하여 무엇이라 대답해야 할지 몰랐기 때문이다.
7 그런데 구름이 일어나서 그들을 뒤덮으며, 구름으로부터 음성이 들려와 "이는 내 사랑하는 아들이다. 너희는 이 아들의 말을 들어라." 하였다.
8 그들이 문득 주위를 둘러보니, 더 이상 아무도 보이지 않고 단지 예수님만 자신들과 함께 계셨다.

9 그들이 산에서 내려올 때에 예수께서 그들에게 명령하시어 인자가 죽은 자들 가운데서 부활할 때까지는 그들이 본 것을 아무에게도 이야기하지 말라고 하셨다.
10 그들이 이 말씀을 마음에 간직하고서 죽은 자들 가운데서 부활하는 것이 무엇인가에 관하여 서로 논의하였다.
11 그들이 그분께 질문하여 말하기를 "어찌하여 서기관들은 엘리야가 먼저 와야 한다고 말합니까?" 하니,
12 예수께서 그들에게 말씀하셨다. "과연 엘리야가 먼저 와서 모든 것을 회복한다. 그런데 어찌하여 인자에 관하여 많은 고난을 당하고 멸시를 받을 것이라 기록되어 있느냐?
13 그러나 내가 너희에게 말하니, 엘리야가 이미 왔으나 사람들이 그에 관하여 기록된 것과 같이 자기들 마음대로 그에게 행하였다."

5~6절을 보면 베드로가 횡설수설하는 장면이 나옵니다. 물론 베드로의 발언에 어떤 신학적 의미가 내포되어 있을지도 모릅니다. 그러나 중요한 건 베드로와 함께 예수를 따라 나선 몇몇 제자들은 자신이 무슨 말을 하는지 그 의미에 전혀 감응하지 못했다는 사실입니다.

당시 상황으로만 보면 충분히 타당성이 있습니다. 예수의 몸이 변화된 사건은 그야말로 초자연적 사건의 극치입니다. 예수가 보인 어떤 이적들보다도 훨씬 더 강력하고 초월적이었을 것입니다. 하지만 그럼에도 불구하고 이 이적은 예수 자신의 메시아 되심에 대한 초월성을 표층적 현상으로 대표되는 세상에 나타낸 영웅적 사건으로 해석

되어선 곤란합니다. 예수의 변형 사건은 텍스트를 읽고 듣고 감응하는 모든 그리스도인에게 필수적으로 동일한 비중으로 관통되어야 할 영적 사건이기 때문입니다. 다시 말해 이 사건은 예수의 신적 존재임을 변증하기 위한 그분만의 특수한 현상의 고립이 아니라 오늘의 우리 역시 변형 사건의 연속선상에서 이 사건을 겪어내는 필연적 당사자가 되어야 한다는 말입니다.

그러나 이 역시 모순입니다. 만약 존재가 변형의 당사자가 되어야 한다면 모든 그리스도인이 마가복음 9장의 예수처럼 옷에서 광채가 나고 존재가 온통 광명의 아우라에 둘러싸여야 한다는 말입니까? 여기서 중요한 것은 현상의 이면입니다.

베드로를 보십시오. 베드로는 이 눈에 보이는 현상 속에서 자신이 무슨 말을 하는지조차 인지하지 못합니다. 하지만 이른바 오순절 성령 체험 이후의 베드로는 이 사건에 대한 직, 간접적인 영적 진술을 분명한 자기 주체성을 갖고서 발언했던 것을 확인할 수 있습니다(베드로전, 후서 참고). 그렇다면 예수는 지금 이 눈에 보이는 현상에서, 이 현상의 의미는 이러이러하다고 해석하는 것 자체가 모순이란 사실을 분명히 하고자 했음을 이해하게 됩니다. 예수의 의도는 자신의 변형 사건을 현실적 역사 속에 명백함으로 천명함으로서 도리어 눈에 보이지 않는 영적 영역을 어두움의 베일로 닫아두었던 우리 존재의 이면 속에서 이 사건이 생명의 울림으로 다가오길 기대했던 것입니다.

변형 사건 속으로 돌입되는 우리 존재에게서 참 회개, $\mu\varepsilon\tau\alpha\mu\omicron\rho\varphi\omicron\omega$메타몰르포호가 일어납니다. 참 기도가 태동합니다. 그 어떤 것도 숨겨지고 감추어질 수 없는 이면세계의 진실이 파헤쳐지는 진리와 영 안에서의 예배가 가능하게 됩니다. 만약 이 변형이 없다면, 이 변형의 패러다임을 관통하지 않는다면, 그렇다면 과연 우리는 예배한다고, 기도한다고, 회개한다고 말할 수 있을까요? 묻지 않을 수 없습니다.

▌9:17~29 - 믿음 없는 것

17 무리 중 하나가 예수께 대답하였다. "선생님, 제가 병어리 영 들린 제 아들을 선생께 데려왔습니다.
18 어디서든지 그 영이 그를 사로잡으면, 그가 거품을 흘리며 이를 갈며 뻣뻣해집니다. 그래서 제가 선생님의 제자들에게 그 영을 쫓아내 달라고 말하였으나, 그들이 쫓아내지 못했습니다."
19 예수께서 그들에게 대답하여 말씀하시기를 "아, 믿음이 없는 세대여, 내가 언제까지 너희와 함께 있어야 하겠느냐? 내가 언제까지 너희를 참아야 하겠느냐? 그를 내게로 데려

와라." 하시니,

20 그들이 그를 예수께 데려왔다. 그 영이 예수님을 보자 그 아이에게 곧 경련을 일으켜, 그가 땅에 넘어져서 거품을 흘리면서 뒹굴었다.

21 예수께서 그의 아버지에게 물으시기를 "이 아이에게 이 일이 일어난 지 얼마나 되었느냐?" 하시므로 그가 말하였다. "어려서부터입니다.

22 그 영이 아이를 죽게 하려고 자주 불에도 던지고 물에도 던졌습니다. 그러나 만일 하실 수 있다면, 저희를 불쌍히 여기시고 저희를 도우소서."

23 예수께서 그에게 말씀하셨다. " '할 수 있다면' 이 무슨 말이냐? 믿는 자에게는 모든 일이 가능하다."

24 그 아이의 아버지가 곧 부르짖으며 말하였다. "제가 믿습니다. 저의 믿음 없는 것을 도우소서."

25 예수께서 무리가 몰려드는 것을 보시고 더러운 영을 꾸짖으시며 그에게 말씀하셨다. "말 못하고 듣지 못하는 영아, 내가 네게 명령하니, 아이에게서 나오고 다시는 아이에게 들어가지 마라."

26 그 영이 부르짖으며 아이에게 경련을 심하게 일으킨 후에 나가니, 그가 죽은 것같이 되고, 많은 이들은 "아이가 죽었다." 라고 하였다.

27 그러나 예수께서 그의 손을 잡고 그를 일으키실 때 그가 일어섰다.

28 예수께서 집에 들어가시니, 제자들이 조용히 그분께 묻기를 "어찌하여 저희는 그 영을 쫓아내지 못하였습니까?" 하므로,

29 예수께서 그들에게 말씀하셨다. "이런 종류의 것은 기도와 (금식)외에는 어떤 것으로도 나가게 할 수 없다."

예수가 본 믿음은 기능적 차원이 아닌 존재론적 차원이었습니다. 하지만 이 두 차원이 이분법처럼 구분되진 않습니다. 그래서도 안 됩니다. 만약 그러한 이분법적 구분이 선행되고 가능했다면 이 땅에서는 이미 믿음 있는 자와 믿음 없는 자가 결정되었다고 주장하는 설익은 운명론, 나이브한 예정론이 절대의 도그마가 되어버렸을 것입니다.

제자들이 사람들의 귀신들림을 치유하지 못한 것을 두고 예수는 그들의 믿음 없음을 책망했습니다. 이때 예수가 책망한 믿음 없음의 상태, 그 무게중심은 제자들의 영혼을 자발적으로 길어 올릴 수 있는 절대적 타자인 성령의 도래가 이뤄지지 못했음에 대한 솔직한 현실인식이 강하다고 보입니다. 이때의 믿음은 온전히 타자적他者的이고, 존재론적입니다. 다시 말해 믿음이란 하나의 존재자가 존재한다는 것입니다. 이 믿음은 우리로 하여금 믿을 수 없는 것, 받아들일 수 없는 것, 도저히 인간의 의식체계, 합리적 궁구를 통해서는 체험할 수 없는 것을 체험하도록 해줍니다. 이 믿음은 바로 그리스도 예수의 영적 정신의 총아, 곧 그리스도의 영, 성령입니다. 성령의 역사는 온전한 신의 일방적 계시요, 영적 선물입니다. 이 은총은 결코 우리 내면에서 자발적으로 일어나지 않습니다. 이것은 온전한 하나님의 일방적 은총의 결과이기 때문입니다.

　그런데 이 믿음이 우리 안에서 자생적으로 폭발하기 위해선 또 하나의 믿음이 필요합니다. 또 하나의 믿음은 전적 타자로서의 믿음을 긍정하는 마음 터전을 열어놓는 최소한의 영적 동의입니다. 존재로서의 믿음이 자신의 존재 안에서 영적 동력을 일으켜 낼 수 있기 위해선 존재의 동의가 필요합니다. 제 아무리 전적 타자인 믿음이 문을 두드린다 해도 문이 열리지 않는 상태에선 믿음의 영적 폭발은 이뤄지지 않기 때문입니다. 그런데, 이 영적 동의는 단순한 종교 감정적 동의만으로 가능하지 않습니다. 영적 동의로서의 믿음은 일차적으로 내 안에 생명의 숨이 쉴 수 있도록 해야 된다는 내면의 결단으로서의 믿음과 그 믿음을 구체화시킬 수 있는 유일한 생명 콘텐츠인 성서 텍스트를 자신의 지성과 이성, 시간을 쏟아 부어 숙고하고 깨달고자 하는 인간적 열정으로서의 믿음이 그것입니다.

　과연 지금 제자들에게 없는 믿음은 어떤 믿음일까요? 또한 29절에서 예수는 기도가 필요하다고 하였습니다. 이 기도는 무엇일까요?

▌9:31~32 - 삼일의 충격

> 31 예수께서 자기 제자들을 가르치시며 그들에게 말씀하시기를 "인자가 사람들의 손에 넘겨질 것이며, 그들이 그를 죽일 것이나, 그가 죽임을 당한 지 삼일 후에 부활할 것이다." 라고 하셨으나,
> 32 그들이 그 말씀을 깨닫지 못하였고 그분께 묻기조차 두려워하였다.

마가복음에서 예수는 자신이 죽임을 당하고 삼일 만에 일어날 것을 두 번 언급하셨는데, 지금이 그 두 번째입니다. 그런데 예수의 이 예고를 받아들이는 제자들의 반응은 두 번 모두 일관되었습니다. 놀라거나 두려워했고, 캐묻기조차 멈췄다고 기록되어 있습니다.

기독교 생명의 메시지에서 절정을 이루는 것은 십자가에서의 피흘림이라기보다는 오히려 삼일에 있다고 보입니다. 이 삼일은 부활을 이뤄내는 강력한 영적 긴장입니다. 부활은 십자가 대속 사건이 존재하기에 필연적으로 나타나는 생명의 초월적 현현이며, 십자가 대속 이후와 부활의 메시지가 단순히 외재적 가르침이 아닌 오늘 우리 그리스도인의 내면 안에서 솟구치는 불가지하기까지 한 하나님의 절대적 은총이라면, 이 은총이 전개되는 영적 시간이 바로 삼일인 것입니다.

이 삼일은 물리적 시간의 삼일을 뛰어 넘습니다. 이 삼일은 초월자의 시간이면서, 동시에 무시간이기도 합니다. 이 삼일은 삶을 살아가는 모든 존재가 필연적으로 직면해야 할 실존의 압도입니다. 우리의 실존은 이 삼일에 대해 묻기를 시작하느냐, 시작하지 않고 묻기조차 두려워한 채, 아님 무엇을 물어야 하는지에 대한 최소한의 영적 감각조차 거세당한 채로 살아가야 하는지에 대한 선택의 순간순간을 지속해나가는 피조물입니다. 이것이 바로 인간이란 피조물의 필연적 속성입니다.

이 삼일을 두려워해선 안 됩니다. 삼일의 시간, 이 영적 긴장이 내 안에서 새로운 패러다임을 이뤄나가는 전존재적全存在的 떨림을 거부하지 않는 영적 동의, 그 자체가 신앙생활임을 명심해야 할 것입니다.

█ 10:6~9 – 남자와 여자, 주체적 영성

> 6 하나님께서 창조의 시작부터 '사람을 남자와 여자로 지으셨으니,'
> 7 '그러므로 사람이 그의 부모를 떠나 자기 아내와 연합하여 둘이 한 몸이 될 것이다.
> 8 따라서 그들은 더 이상 둘이 아니라 한 몸이다.'
> 9 그러므로 하나님께서 짝지어 주신 것을 사람이 갈라놓지 않도록 하여라."

　율법의 준행을 통한 의의 추구를 강조했던 바리새인들이 묻는 질문은 언제나 그것을 제대로 지키느냐 그렇지 않느냐 에만 모든 관심이 집중되어 있습니다. 모세의 이혼 증서 이야기도 그렇습니다. 이혼 증서를 쓰기만 하면 여자를 버릴 수 있다는 그들의 관심사엔 남자와 여자, 즉 젠더에 대한 이해 한계를 여실히 나타내고 있습니다. 종교적 율법의 준수에만 사로잡힌 그들, 바리새인에게 여자는 남성의 부속물이란 개념이 자리 잡고 있습니다. 또한 하나님의 계명 또한 물리적 성性, 젠더의 개념으로만 받아들이려 합니다. 하지만 본 가르침 '부모를 떠나 한 몸이 되는' 예수의 가르침 속엔 남자와 여자의 개념이 물리적 성의 차이에만 국한되는 것이 아니라 한 존재의 능동성과 수동성의 측면도 함께 이야기하고 있음을 확인할 필요가 있습니다.

　희랍어에서 사용되는 남성과 여성 명사의 개념은 물리적 젠더를 지시함과 동시에 능동적, 주체적으로 일어서는 존재를 남성으로, 수동적, 수용하는 존재를 여성으로 표현하는 경향을 갖습니다. 다시 말해 남자와 여자란 속성이 태어나면서부터 끝까지 결정된 생물학적 성의 표현뿐만 아니라 한 존재 안에 담겨 있는 생명의 이중적 속성을 나타낸다는 것입니다. 그런 맥락에서 나타난 부모를 떠나 한 몸을 이룬다는 예수의 가르침은 우리를 향한 불변한 능동성인 하나님의 뜻, 그리스도가 인간 예수의 옷을 입는 사건을 통해 부모라는 영적 혈통 개념으로부터 걸어 나온 독생자 그리스도의 능동성을 취함 받는 수동성인 여성, 그리스도의 신부인 우리와 하나가 될 것을 천명하는 생명 신비에 대한 은유를 읽을 필요가 다분합니다. 신부인 우리 존재가 그리스도의 능동성을 생명의 차원 안에서 받아들이게 되면 어떤 현상이 벌어질까요. 바로 우리 존재 자체가 하나님을 향해서는 여자로, 내 자신에 대해서, 그리고 세상을 향해서는 능동성을 품은 남자의 역할을 동시적으로 감당하게 되는 것입니다.

▌10:17~31 - 영생의 조건

17 예수께서 길을 가실 때에 한 사람이 달려와서 그 앞에 무릎을 꿇고 그분께 묻기를 "선하신 선생님, 제가 무엇을 하여야 영생을 얻겠습니까?" 하므로, 예수께서 그에게 말씀하셨다.
18 "어찌하여 나를 선하다고 하느냐? 하나님 한 분 외에는 아무도 선하지 않다.
19 네가 계명들을 알고 있으니, '살인하지 마라, 간음하지 마라, 도둑질하지 마라, 거짓으로 증언하지 마라, 속여 취하지 마라, 네 아버지와 어머니를 공경하여라.' 라는 계명들이다."
20 그가 예수님께 말하기를 "선생님, 제가 이 모든 것들을 소년 시절부터 다 지켰습니다." 라고 하니,

21 예수께서 그를 바라보시고 그를 사랑하셔서 그에게 말씀하시기를 "너에게 부족한 것이 하나 있으니, 가서 네가 가진 모든 것을 팔아 가난한 자들에게 주어라. 그리하면 네가 하늘에서 보화를 갖게 될 것이다. 그리고 와서 나를 따라라." 라고 하셨다.
22 그가 이 말씀에 우울한 얼굴로 근심하며 떠났으니, 그가 많은 재산을 소유하고 있었기 때문이다.
23 예수께서 둘러보시며 제자들에게 말씀하시기를 "재산을 가진 자들은 하나님 나라에 들어가기가 매우 어렵다." 하시니,
24 제자들이 그분의 말씀에 놀랐다. 예수께서 그들에게 다시 대답하여 말씀하기를 "애들아, 하나님 나라에 들어가기가 얼마나 어려운지,
25 낙타가 바늘귀로 들어가는 것이 부자가 하나님 나라에 들어가는 것보다 더 쉽다." 라고 하셨으므로,
26 제자들이 더욱 놀라 서로 말하였다. "그렇다면 누가 구원받을 수 있겠는가?"
27 예수께서 그들을 바라보시며 말씀하시기를 "사람들에게는 불가능하나 하나님께는 그렇지 않으니, 하나님께는 모든 것이 가능하다." 라고 하셨다.
28 베드로가 말하기를 "보소서, 저희는 모든 것을 버리고 주님을 따랐습니다." 하니,
29 예수께서 말씀하셨다. "내가 진정으로 너희에게 말하니, 나와 복음을 위하여 집이나 형제들이나 자매들이나 어머니나 아버지나 자녀들이나 토지들을 버린 자는 누구든지,
30 지금 이 세대에서 집들과 형제들과 자매들과 어머니들과 자녀들과 토지들을 백배나 받되, 박해를 겸하여 받을 것이고, 내세에 영생을 받을 것이다.
31 그러나 많은 으뜸 된 자들이 마지막이 되고, 마지막 된 자들이 으뜸이 될 것이다."

잘 알려진 부자 청년의 이야기입니다. 이 예화의 중심

주제는 무엇일까요. 우리는 흔히 알려진 대로 부자 청년에 대한 주제를 가진 것의 포기로 보는 해석을 지지했으며, 흔하게 접해 왔습니다. 그 주제의식에서 한 걸음 나아가 자기 생각, 자기 의에 대한 포기를 강조하기도 합니다. 하지만 부자 청년에 대한 여러 상황적 맥락을 살펴봤을 때, 지금 이 예화의 중심 주제는 소유의 포기, 자기 뜻의 포기만이 아니라 영생에 대한 이야기로 볼 수 있습니다.

영생은 인간 존재가 살아가는 지속 시간, 어쩌면 숙명처럼 받아들일 수 있는 무한한 시간의 속성을 끌어안은 인간이 그 지속 시간의 틀 속에서 생명을 발견하는 상태로 표현할 수도 있습니다. 그렇다면 일단 영생은 영원히 사는 것만을 뜻하는 것이 아니란 전제가 필요합니다. 엄밀히 말해 성서는 인간이 영원히 사는 것을 당연한 존재의 원리로 천명하고 있습니다. 인간은 영원히 삽니다. 비록 육신이 죽어 없어져도 인간의 영의 의식은 살아남아 영원으로 표현된 $\alpha\iota\omega\nu$ 아이온, 지속시간을 살아가는 것입니다. 때문에 이 영원을 얻기 위해 무엇을 해야 한다고 묻는 질문 자체가 난센스입니다. 그것은 하나의 생명을 수단, 또는 인과율의 원리로 본다는 사실입니다.

영원으로 표현된 지속 시간을 살아가는 것은 축복도 저주도 아닙니다. 하지만 이 지속 시간의 호흡 속에 생명의 숨을 쉬는 지, 쉬지 않는지에 따라 성서에 표현된 천국과 지옥의 상태성 구분이 일어나는 것만은 피하기 어렵습니다.

도대체 어떻게 생명이 지속 시간 안으로 들어올 수 있었던 걸까요? 이는 우리가 무엇을 행함으로서 만들어낸, 이른바 존재 행위의 소산일까요? 그렇지 않습니다. 로마서에서 바울이 밝혔듯이 행위를 통해 완전을 추구하는 개념으로서의 의인은 존재의 차원에서 아무도 없다고 하였습니다. 그렇다면 참된 의로움을 가져오는 생명은 철저한 수동성, 피조물로부터 오는 것이 아닌 창조주의 영역에서 들어오는 것입니다. 바로 여기에 예수의 자기 고백이 갖는 중요성이 부각됩니다. 예수는 자신을 부활이요, 생명이라고 천명하셨습니다.(요한복음 11장 참고) 예수의 그리스도 되심 자체가 곧 생명이며, 예수의 그리스도 되심에 대한 기록인 성서 텍스트 안에 담긴 말씀의 능력이 우리로 하여금 지속 시간 속에서 생명의 숨을 쉴 수 있도록 하는 상태를 조성하는 영생을 부여한 것입니다. 그렇기에 구원은 은혜요, 선물입니다. 그런데 이 일방적 공여의 신비인 생명을 부자청년은 how, 어떻게란 방법으로 가지려 했습니다. 그리고 그 방법을 창조주에게 묻고 있습니다. 이것이 바로 인간이 가진 종교성의 함정, 그 극치입니다. 이 종교성의 심연엔 자기 소유라는 테마가 똬리를 틀고 있습니다. 예수는 이 자기 소유, 방법론의 추구를 통한 생명획득의 무의식으로부터 자유롭지 못한 모든 인간 존재의 뇌관을 밝혀낸 것이며, 그러므로 부자 청년은 떠나갈 수밖에 없었던 것입니다.

과연 부자 청년은 특정한 한 인물에만 국한되는 것일까요? 아닙니다. 부자 청년은 오히려 모든 존재의 원형입니다. 소유의 많고 적음이 부자 청년의 기준이 아니라 인간 존재 안에 내재된 생명을 바라보는 패러다임의 변화가 없는 모든 이의 보편적 모델이 바로 부자 청년이란 이름으로 대표되는 것입니다.

▌10:36~45 - 주의 영광의 좌, 우편

36 예수께서 그들에게 말씀하셨다. "내가 너희에게 무엇을 해 주기를 원하느냐?"
37 그들이 대답하기를 "선생님의 영광 중에서 저희가 하나는 선생님의 오른쪽에, 하나는 왼쪽에 앉게 하소서." 하니,
38 예수께서 그들에게 말씀하셨다. "너희는 너희가 무엇을 요청하고 있는지 알지 못하는구나. 내가 마시는 잔을 너희가 마실 수 있겠느냐? 또 내가 받는 세례를 받을 수 있겠느냐?"
39 그들이 말하기를 "할 수 있습니다." 라고 하니,
40 예수께서 그들에게 말씀하셨다. "내가 마시는 잔을 너희가 마시고 내가 받는 세례를 너희가 받겠으나, 내 오른쪽과 왼쪽에 앉는 것은 내가 주는 것이 아니다. 그것은 오직 예

비해 놓으신 자들에게 주실 것이다."
41 열 제자가 듣고서 야고보와 요한에 대하여 분개하기 시작하였다.
42 예수께서 그들을 곁에 부르시고 그들에게 말씀하셨다. "너희가 아는대로, 민족들을 다스린다고 자처하는 자들은 그들을 주관하고, 그들의 고관들은 그들에게 권세를 부리나,
43 너희 가운데서는 그렇지 않다. 누구든지 너희 가운데서 큰 자가 되기 원하는 자는 너희를 섬기는 자가 되어야 하고,
44 또 누구든지 너희 가운데서 첫째가 되기 원하는 자는 모든 사람들의 종이 되어야 한다.
45 인자는 섬김을 받으러 온 것이 아니라 섬기러 왔고, 자기 목숨을 많은 이들을 위한 대속물로 주기 위하여 왔다."

같은 장 34절에 보면 예수는 자신이 예루살렘에서 어떤 일을 겪게 될지를 설명하고 있습니다. 서기관과 대제사장 무리가 자신을 채찍질하고 죽일 것이라고 말하는 것입니다. 그런데 이 가르침이 있은 후 곧바로 세베대의 아들 야고보와 요한이 예수에게 주님 영광의 우편과 좌편, 즉 직위에 대한 보장을 요구하는 것을 볼 수 있습니다. 이는 3년 가까이 예수를 따라다녔던 제자라 하더라도, 오늘날 주님의 일에 열심을 내왔다고 자부하는 이들에게 항상 경청하고 점검할 필요가 있는 메시지로 읽힙니다. 34절의 예수 가르침의 핵심은 바로 십자가 정신입니다.

십자가 정신은 단순한 고행이 아닙니다. 종교적 고행은 자신이 어떤 일, 어떤 극기에 해당하는 수행을 통해서, 그

렇게 도달해 얻은 수행의 결과물을 대상으로 자신이 섬기는 종교적 대상과 딜deal을 하는 프레임으로부터 결코 자유롭지 못합니다. 경우와 표현의 차이는 있을 수 있지만 그건 피할 수 없는 사실입니다. 하지만 예수가 말한 십자가 정신은 이와는 차원이 다릅니다. 같은 장 39절에서 자신이 마시는 잔과 자신이 받는 세례라는 말로 예수는 자신의 십자가 처형을 간접적으로 암시하셨습니다. 그 십자가의 의미는 바로 예수가 창조주 하나님의 뜻, 그리스도가 된다는 의미입니다. 우리는 이 십자가를 질 수 없습니다. 또한 십자가를 통한 삼일 만의 다시 살아남, 생명의 출현에 있어서도 근원이 될 수 없습니다. 예수가 생명의 근원이 되고 본질이 되겠다는 생명 원리를 천명한 가르침이기 때문입니다. 그런데 제자들의 반응은 십자가 정신과는 또 다른 종교적 고행의 결과물에 대한 세속적인 집착과 추구에 매달립니다. 만약 이 추구가 세속적 추구가 아니더라도 방향은 두 경우 모두 잘못된 것입니다. 우리의 십자가 정신은 생명의 첫 열매되신 그리스도 예수에 관한 기록과 그 분의 가르침이 담긴 기록, 이른바 성서 말씀으로부터 전이되어 흐르는 정신의 수혈을 힘입는 것입니다. 그 수혈을 힘입는 생명 참여의 과정이 우리 모두가 각자 짊어지고 가야 할 십자가이며, 자기 목숨을 버리는 결단일 것입니다.

█ 10:46~52 - 다윗의 자손

46 그들이 여리고로 들어갔다. 예수께서 자기 제자들과 큰 무리와 함께 여리고에서 나오실 때에, 맹인 거지인 디매오의 아들 바디매오가 길가에 앉아 있다가,
47 나사렛 사람 예수님이시라는 말을 듣고서 부르짖기 시작하여 말하기를 "다윗의 자손 예수님, 저를 긍휼히 여기소서." 하니,
48 많은 이들이 그에게 조용히 하라고 꾸짖었으나 그는 더욱 크게 부르짖어 "다윗의 자손이시여, 저를 긍휼히 여기소서." 라고 하였다.
49 예수께서 걸음을 멈추시고 말씀하시기를 "저 사람을 불러라." 하시니, 그들이 그 맹인을 불러 그에게 말하기를 "용기를 내어 일어나라. 예수께서 당신을 부르신다." 하니,
50 그가 자기 겉옷을 벗어 던지고 벌떡 일어나서 예수께 왔다.
51 예수께서 그에게 대답하여 말씀하시기를 "내가 너에게 무엇을 해 주기를 바라느냐?" 하시니, 그 맹인이 말하기를 "랍비님, 제가 다시 보기를 원합니다." 라고 하였다.
52 예수께서 그에게 말씀하셨다. "가라. 네 믿음이 너를 구원하였다." 그러자 그가 곧 다시 보게 되어 길에서 예수님을 따랐다.

47절에서 디매오의 아들 시각장애인 바디매오는 예수에 대해 흔하게 알려진 풍문과 그에 대한 반응이 별 다르게 나타내는 양상을 확인하게 됩니다. 47절에서 바디매오는 예수가 어떤 출신이지에 대한 풍문을 듣습니다. 무리들은 예수를 '나사렛 사람'이란 말로 들었습니다. 여기엔

여러 가지 의미가 담겨 있지만 핵심적 가치를 요약해 보면 다음과 같습니다.

예수란 이름이 흔하기에 예수의 출신 지역이 나사렛임을 강조해 나사렛에서 온 이적을 행하는 사람임을 강조하고자 했던 의도였으며 또 하나는 예수가 당시의 종교적 눈으로 보았을 때는 도무지 메시아, 그리스도로 봐줄 수 없는 변방 지역인 나사렛 출신임에도 불구하고 이적을 행하는 신기한 인물, 아님 그 반대로 나사렛 사람이기에 그들, 유대교가 인정할 수 없는 다윗의 자손인 메시야 그리스도일수는 없는 소문만 무성한 풍운아로 보는 시각이 다분했던 것으로 추정해 볼 수 있습니다.

이렇듯 나사렛이란 출신이 붙는 경우 따라붙게 되는 반응은 다윗의 자손이란 정통성과는 거리가 멀었던 것을 볼 수 있습니다. 그런데, 바디매오는 분명 무리들에게 들려오는 '나사렛 사람'이란 말을 들었음에도 그에 대한 반응을 '다윗의 자손'으로 표현한 것을 볼 수 있습니다. 바디매오의 일관된 신념은 반복해서 예수를 다윗의 자손으로 부른 것입니다. 그렇게 결국 눈을 뜨게 된 바디매오의 행적은 52절에 기록된 대로 길 안에서 예수를 따르기 시작했다고 되어 있습니다. 마을에 들어가 소문을 낸 것도 아니고 예수의 가르침을 따라 움직였다고 기록된 기록자의 의도로 보았을 때, 바디매오가 믿음의 고백을 한 것으로 볼 여지가 충분합니다. 바디매오의 믿음의 고백 '다윗의 자손'이 갖는 의미는 무엇일까요. 이 의미를 통해서 우리는 혈통과 선민의식의 강화로서의 '다윗의 자손'이란 고백과는 그 층위가 다름을 확인하게 됩니다.

'나사렛에서 무슨 선한 것이 날 수 있느냐?'라고 묻는 것이 곧 혈통과 선민의식의 발로입니다. 하지만 나사렛 사람임을 두 귀로 똑똑히 들었음에도 다윗의 자손으로 고백한다는 건 더 이상 다윗의 자손이 누구의 가문, 누구의 혈통, 누구의 민족이란 틀 속에만 갇혀있지 않은 중심에도, 변방에도 어디에나 계시는 생명의 주체임을 강조한 신앙고백으로 이해할 수 있을 것입니다.

제6강
강도들의 도가니
예루살렘 입성과 예수의 계명

제6강
강도들의 도가니
예루살렘 입성과 예수의 계명

▌11:2~10 - 나귀, 역설의 영성

2 그들에게 말씀하셨다. "너희는 맞은 편 마을로 가라. 그곳에 들어가면 아직 아무도 타 본 적이 없는 나귀 새끼가 매여 있는 것을 곧바로 발견할 것이다. 그것을 풀어서 끌고 오너라.
3 누가 너희에게 '어찌하여 이렇게 하느냐?' 라고 말하면, '주께서 쓰시겠다 하십니다.' 라고 말하여라. 그러면 그가 즉시 그것을 여기로 보내 줄 것이다."
4 그들이 가서 길 가 문 바깥에 매여 있는 한 나귀 새끼를 발견하고서 그것을 풀고 있었는데,
5 거기 서 있던 어떤 이들이 그들에게 말하였다. "당신들이 그 나귀 새끼를 풀어서 무엇을 하려고 하느냐?"
6 제자들이 예수께서 말씀하신 대로 그들에게 말하자, 그들이 허락하였다.
7 그 나귀 새끼를 예수께 끌고 와서 자신들의 겉옷을 그 위에 덮으니, 예수께서 그 위에 앉으셨다.
8 많은 이들이 자신들의 겉옷을 길에 깔았으며, 다른 이들은 들에서 꺾은 잎이 무성한 나뭇가지들을 길에 깔았다.
9 앞서 가는 자들과 뒤따르는 자들이 외쳐 말하기를 "호산나. 복되다, 주님의 이름으로 오시는 분이시여.
10 복되다, 다가오는 우리 조상 다윗의 나라여. 가장 높은 곳에서 호산나." 하였다.

예수가 나귀를 타고 예루살렘에 입성하신 사건은 구약 예언의 성취로 알려져 있습니다. 하지만 그보다 오늘의 그리스도인에게 예수의 나귀 타심이 나타내는 궁극의 메시지는 제자들과 민중들의 기대에 반하는 역설의 영성으로 이해될 수 있습니다.

10절에서 많은 사람들은 '우리 조상(아버지)' 다윗의 나라, 그 가장 높은 곳에서 오시는 주님, 메시아로서 예수를 영접하길 원합니다. 예수의 모습을 가장 화려하고 웅장한 왕 중의 왕으로 생각하고자 했던 것입니다. 하지만 예수가 예루살렘에 들어오실 때 선택한 운송 수단은 나귀였습니다. 나귀는 당시 '멍에를 매는' 용도로 사용되었습니다. 이렇듯 예수는 그 멍에를 지고 가는, 인간의 하나님과의 철저한 격리의 상징을 대신 지고 가는, 구약의 예언을 성취하기 위해 나귀를 타셨습니다. 하지만 이는 가장 높은 곳을 갈망하던 민중들과 제자들의 기대, 그 마음속에 품고 있던 정복주의적 사고방식과는 완전히 대치되었던 선택이기도 했습니다. 주목할 것은 10절에서'다윗의 조상'으로 예수를 칭송하던 이들이 빌라도의 법정에선 그 어떤 반응도 보이지 않았다는 사실입니다.

▌11:15~17 - 만민이 기도하는 집

> 15 그들이 예루살렘으로 들어갔다. 예수께서 성전에 들어가셔서 성전에서 팔고 사는 자들을 내쫓기 시작하시고 환전상들의 상과 비둘기를 파는 자들의 의자를 둘러엎으시며,
> 16 아무에게도 성전을 가로질러 물건을 나르는 것을 허락하지 않으셨다.
> 17 예수께서 그들을 가르쳐 말씀하시기를 " '내 집은 만민의 기도하는 집이라고 불릴 것이다.' 라고 기록되어 있지 않느냐? 그런데 너희가 그것을 '강도들의 소굴' 로 만들었구나." 하시니,

예수가 예루살렘 성전 안으로 들어가셔서 가장 먼저 한 일로 마가복음 기록자가 묘사한 것은 바로 성전 내부에 깔린 좌판을 둘러엎는 일이었습니다. 성전 안에서 파는 것과 사는 것을 이루던 행태는 이중적인 메시지를 우리에게 전달해 줍니다. 첫째는 실제 하나님의 성전을 매매와 사리사욕의 수단으로 인식하던 종교적 타락을 발견할 수 있습니다.

둘째 이유는 좀 더 심층적입니다. 우리의 눈에 드러난 비도덕적, 비윤리적 타락에 대한 경계는 그 역시 표층적인 방법으로 극복할 수 있습니다. 제도를 개혁하고 교회 내 감시기능을 강화하여 교회가 오직 기도만 할 수 있도록 환경을 만들어나갈 순 있을 것입니다. 하지만 그 환경

을 조성하는 것만이 '만민이 기도하는 집'의 필수조건은 아닙니다. 당시 예루살렘 성전 안에서 거래하던 행위는 비단 종교를 대상으로 물질적 거래의 추악함만을 지적하고자 함이 아니라 '사고파는' 즉, 인간과 인간 사이에 형성된 종교성의 왜곡된 소비의 지적 또한 간과할 수 없습니다. 이는 제도적 문제만이 아니라 패러다임의 문제로서 '사고파는' 행위가 궁극적으로 태동하게 된 단 한 가지 이유인 인간의 행위주위적 반경 속에서 신성을 찾으려는 일체의 시도를 예수는 단호히 거부하셨던 것입니다. 그것이 만민이 기도하는 집의 참의미를 망각하게 만듭니다.

그렇다면 '사고파는' 행위의 거부 이후에 우리가 취할 수 있는 신앙의 궁극은 무엇일까요. 그것은 바로 기도를 위한 기도, 기도의 대상과 하나가 되는, 나의 마음 안에서 기도의 대상, 예배의 대상을 발견하고 나타나도록 만드는 생명 감각의 부단한 체현일 것입니다.

▌11:22~24 - 이 산에서 바다로

22 예수께서 그들에게 대답하여 말씀하셨다. "하나님을 믿어라. 23 내가 진정으로 너희에게 말하니, 누구든지 이 산더러 '번쩍 들려서 바다에 던져져라.' 고 말하고 그의 마음에 의심치 않으며, 그 말한 것이 이루어질 줄로 믿는다면, 그것이 그에

> 게 이루어 질 것이다.
> 24 그러므로 내가 너희에게 말한다. 너희가 기도하고 구하
> 는 것은 무엇이든지 너희가 받은 줄로 믿어라. 그러면 너희
> 에게 이루어질 것이다

이 구절은 믿음의 전능함을 강조하기 위한 텍스트와는 거리가 멀다는 사실을 인지할 필요가 있습니다. 여기서 믿음의 전능함이란 우리 마음속에 강화된 신념과 의지적 결단으로서의 믿음을 말함인데, 그 믿음만 견고하면 실제 보이는 물질적 세계의 산을 바다로 던지는 일도 가능하다는 식의 접근이 예수가 말씀하고자 하는 본뜻이 아니란 말입니다.

그렇다면 이 가르침의 본질적 의미는 무엇일까요. 예수는 바로 이전 상황에서 무화과나무를 저주하셨습니다. 무화과나무는 당시 이스라엘 민족의 종교적 터전을 뜻합니다. 그런데 그 무화과나무가 뿌리부터 말랐다는 것은(20절 참고) 이스라엘 민족이 참으로 품어야 할 하나님의 본래 뜻을 잃어버리고 전혀 다른, 인간 안에서 발아되는 우상숭배로서의 종교성을 추구하고 있음을 상징합니다. 그 상징 속에서 예수가 말씀하셨습니다. 산이 들리어져 바다로 빠져들 거라고 말입니다. 여기서 의미하는 산의 상징적 의미는 참된 생명의 가치입니다. 그런데 그 가치를 세

속과 미지의 두려움, 원초적 세속주의를 상징하는 바다로 던져버리라는 것은 생명 발현의 상징인 '산'이 더 이상 그 참된 생명력을 갖지 못했음을 뜻하는 것입니다. 새로운 술은 새로운 부대에 담아야 합니다. 더 이상 우리의 내면에서 생명의 발현체로 나타나지 못하는 산은 미지와 무지의 세속주의를 상징하는 바다와 다를 것 없음을 자각하고 새로운 예루살렘, 새로운 산의 가치를 찾기 위해서라도 우리가 지금까지 추종해 오던 산의 가치와 결별하는 영적 결단을 촉구하고 계신 것입니다.

▌11:27~33 - 누구의 권세냐

27 그들이 다시 예루살렘으로 왔다. 예수께서 성전 안에서 거닐고 계실 때에 대제사장들과 서기관들과 장로들이 와서,
28 그분께 말하기를 "당신이 무슨 권세로 이것들을 하는 것이오? 누가 당신에게 이것들을 할 권세를 주었소?" 하니,
29 예수께서 그들에게 말씀하셨다. "내가 너희에게 한마디 물어 보겠으니, 너희가 나에게 대답하면 내가 무슨 권세로 이것들을 하는지 너희에게 말해 주겠다.
30 요한의 세례가 하늘에서 온 것이냐, 사람들에게서 온 것이냐? 내게 대답하여라."
31 그들이 서로 의논하며 말하기를 "우리가 '하늘로부터이다.' 라고 말하면, 이 사람이 '그러면 왜 그를 믿지 않았느냐?' 라고 말할 것이오.

32 그렇다고 우리가 '사람들로부터이다.' 라고 말하겠는가?"
하였으나 그들이 무리를 두려워하였으니, 모든 사람들이 참
으로 요한을 선지자라고 여기고 있었기 때문이다.
33 예수께 대답하여 말하기를 "우리가 알지 못하오." 하니,
예수께서 그들에게 말씀하셨다. "나도 무슨 권세로 이것들을
하는지 너희에게 말하지 않겠다."

이는 종교 지도자들의 무지를 부각시키기 위한 구절만
으로 보기 어렵습니다. 당시의 제자들 역시 이 깨달음엔
이르지 못했던 모습을 보이기 때문입니다.

대제사장들과 장로들은 다음과 같이 묻습니다. '누가 당
신에게 권세를 주었느냐'고 말입니다. 하나님 아들, 하나
님과 본체적 속성을 공유하는 로고스인 그리스도 예수의
관점에서 보았을 때, 이 권세를 누구로부터 부여받았다고
묻는 것 자체가 난센스입니다. 왜냐하면 그리스도 예수
자신은 하나님의 뜻, 권세 그 자체이기 때문입니다.

여기서 커다란 인식의 간극이 발견됩니다. 당시 종교지
도자들은 권세의 개념을 누군가로부터 어떤 대단하고 탁
월한 것을 부여받거나 혹은 전통적인 교육을 통해 전수받
은 개념으로만 인식하고 있었습니다. 하지만 예수의 권세
는 그들이 생각하는 권세와는 개념이 달랐습니다. 그의
권세는 존재론적 권세였습니다. 즉, 예수가 말한 권세는
무언가를 행할 수 있는 능력이 아닌 그러한 생명 사건을

일으키는 근원 그 자체였던 것입니다.

　그리스도인은 바로 근원으로서의 권세인 예수 안에서 생명을 체험하게 됩니다. 예수는 이 권세를 자신을 보내신 하나님 안에서 생명의 근원으로서 나타내었고, 우리 존재는 예수의 영인 성령 안에서 이 근원으로서의 권세를 체험하는 것입니다. (요한복음 15장 이후 참고)

▎12:1~10 - 상속자에 대한 두 생각

1 예수께서 그들에게 비유로 말씀하기 시작하셨다. "어떤 사람이 포도원을 만들고 울타리를 치고 포도즙 짜는 구유를 만들고 망대를 세우고 그것을 농부들에게 세를 주고 멀리 떠났다.
2 때가 되자, 그가 농부들에게서 포도원 소출 중 얼마를 받으려고 한 종을 그 농부들에게 보냈으나,
3 그들이 그 종을 붙잡아 때리고 빈손으로 돌려보냈다.
4 그가 다시 다른 종을 그들에게 보내니, 그들이 그 종의 머리를 때리고 능욕하였다.
5 그가 또 다른 종을 보내자, 그들이 그 종도 죽였으며 그가 다른 많은 종들도 보냈으나 그들이 더러는 때리고 더러는 죽였다.
6 아직 그에게 한 사람, 곧 사랑하는 아들이 있었으므로 마지막으로 그를 보내면서 '그들이 내 아들은 존경하겠지.' 라고 말하였으나,
7 그 농부들은 서로 말하기를 '이 사람은 상속자이니, 자,

우리가 그를 죽여 버리면 그 유산이 우리 것이 될 것이다.'
하고,
8 그를 잡아 죽여 포도원밖에 내던졌다.
9 그러면 포도원 주인이 어떻게 하겠느냐? 주인이 와서 농부들을 죽이고, 그 포도원은 다른 이들에게 줄 것이다.
10 너희가 이 성경을 읽지 못하였느냐? '건축자들의 버린 돌이 모퉁이 머릿돌이 되었다

마가복음의 정수, 인간 존재의 한계를 통렬히 보여주는 비유 중의 하나로 볼 수 있습니다. 상속자에 대해 갖게 되는 인간의 생각은 당연히 그 존재, 상속자를 예우하는 것을 상식으로 생각합니다. 하지만 예수의 비유에서 포도원을 경작하는 농부들은 상속자에 대해 다음과 같은 생각을 갖습니다. 상속자를 죽임으로서 포도원을 차지하자고 하는 생각이 그것입니다. 이 비유는 당시의 종교성, 더 나아가 시대를 막론하고 역사의 흐름에 있어서 예외 없이 적용되는 종교성의 함정과 한계를 동시에 드러냅니다.

우리는 언제나 우리들이 숭배하는 신을 가장 높은 존재, 지고한 존재로 인식하고자 합니다. 그리고 그에 부합되는 신적 제의祭儀에 충실하려 합니다. 하지만 그 행위가 포도원의 관점에서 포도원을 소유하고 쟁취하려는, 또한 주인과 종의 관계로 인식하고자 할 때, 신적 제의, 종교성은 언제나 선악과 패러다임, 다시 말해 인간의 의지로 관

계를 정립함으로서 생명의 쟁취하고자 하는 생각, 그 생각의 노예가 될 수밖에 없습니다.

상속자를 죽이는 행위 또한 그렇습니다. 독자인 우리가 비유를 읽을 때에는‘어떻게 저럴 수가 있어. 나는 적어도 포도원 주인의 상속자가 오면 저렇게 하지 않을 거야’라고 생각하겠지만, 종교성의 의지에 포박된 상태라면 눈에 보이는 제의 행위가 제아무리 선해 보인다 하더라도 그 역시 존재의 내면에서 발아되는 신성을 압살하는 상속자 살해 혐의로부터 자유롭지 못한 것입니다.

과연 어떤 상태가 선험적 종교성의 결박으로부터의 해방을 가능케 할까요? 마태복음에 제시된 팔복비유에서 해답의 실마리를 얻을 수 있다고 생각합니다.

예수는 팔복 중 ‘온유한 자가 복이 있다. 땅을 상속받을 것이다’라고 말합니다. 여기서 말하는 온유함은 신적 성품의 특질을 이야기함인데, 이 온유함은 인간적 관계에서의 온유함을 포함하면서도 넘어서는 말 그대로 신성의 본질을 이야기합니다. 그런데 우리가 어떻게 이 신성의 본질을 소유할 수 있을까요? 여기에 상속자이며, 동시에 독생자인 그리스도 예수의 신비가 내재되어 있습니다. 그리스도 예수의 십자가 신비가 우리 존재로 하여금 존재의 숙명적 종교성, 인간 의지 속에 뿌리깊이 배여든 죄성을 자각하게 해주고, 그럼으로 해서 우리는 오히려 ‘우리 자신의 자발적 종교성만으로는 의로움에 다다를 수 없다'는 역설의 신앙고백을 이루게 될 것입니다.

█ 12:15~17 - 가이사의 것, 하나님의 것

15 예수께서 그들의 위선을 아시고 그들에게 말씀하시기를 "왜 나를 시험하느냐? 내게 데나리온 하나를 가져와 서 보여라." 하시니,
16 그들이 가져오자, 예수께서 그들에게 말씀하셨다. "이 초상과 글이 누구의 것이냐?" 그들이 예수께 말하기를 "가이사의 것입니다." 하니,
17 예수께서 그들에게 말씀하셨다. "가이사의 것은 가이사에게, 하나님의 것은 하나님께 바쳐라." 그들이 예수님께 대하여 크게 놀랐다.

15절에서 예수는 바리새인들의 위선을 알고, 그 위선에 부합되는 답을 하셨습니다. 그렇다면 바리새인의 위선은 무엇일까요? 아니, 위선이란 뜻으로 번역된 희랍어 'υποκρισις 희포크리시스'는 무엇 뜻일까요.

희랍어 '위선'의 본래 의미는 '심판 아래 있는 상태', '심판의 장중掌中에 있는 상태'로 이해됩니다. 심판 아래 있다는 것은 하나님의 계명에서 그 본질인 생명과 생명 나눔의 상태로 이해하지 않고 계명을 지키고 지키지 않음

의 행위주의적 기준으로 분류하여 행하지 않은 상태를 심판하는 도식적인 종교성 아래 하나님의 계명을 가둔 상태를 뜻합니다. 그런데 문제는 이 위선자들이 자신이 행하고 있는 행위가 정당하고 그야말로 가장 숭고한 종교성이라고 신앙한다는 데 있습니다. 위선자가 자신들은 행하지 않으면서 다른 이들에게 행한다고 말한다면 분명한 식별이 가능하겠지만 더 심층적인 문제는 잘못 행하면서 그 행함을 강요하고, 그 잘못된 행함을 일종의 시스템으로 고착시켜 더 나아가 도그마로 세워나간다는 데 있습니다. 예수가 지적하고자 했던 것은 바로 잘못된 행함과 인식에 대한 지적입니다.

그 당시에 가이사는 무엇입니까? 가이사는 그들의 황제, 태양신의 종교성으로 알려져 있습니다. 그래서 일부에선 이 이교의 신성을 옹호하고 그에게 종교세 바치는 것을 금지하자는 분위기도 있었습니다.

그러나 예수는 가이사의 형상을 이교의 범주에만 국한시키지 않습니다. 예수는 설령 그 형상에 가이사가 아닌 하나님의 형상이 담겨 있다 하더라도 그 하나님은 참 하나님일 수 없는 하나님 외에 다른 신임을 경고하고 있습니다. 위선의 체제 아래서 자유롭지 못하다면, 그 생각들로부터 벗어나지 못한다면 겉으로는 가이사로 알려진 이교의 숭배로부터 벗어났다고 자위하더라도 그 역시 또 다른 우상숭배의 체질을 조성하는 것이기 때문입니다. 가이사의 것을 가이사에게 바친다는 것은 오히려 극심한 역설의 메시지입니다. 가이사의 것으로 돌려주는 행위는 내 자신을 지금까지 억눌려 오던, 하지만 그 억눌림을 인지하지 못했던 상태로부터의 해방을 뜻합니다. 내 안에 하나님과의 대적된 것을 깨달음으로서 가이사, 우상의 형상을 '나'로부터 버리게 되어 얻게 되는 참된 하나님과의 조우를 기대하는 것, 그 기대와 떨림이 그리스도인의 신앙 전부라 해도 과언은 아닐 것입니다.

▌12:24~27 – 살아있는 사람들의 하나님

24 예수께서 그들에게 말씀하셨다. "너희가 성경과 하나님의 능력을 알지 못하는 까닭에 오해하는 것이 아니냐?
25 그들이 죽은 자들 가운데서 부활할 때에는 장가도 가지 않고 시집도 가지 않으며 하늘에 있는 천사들과 같을 것이다.
26 죽은 자들이 살아나는 일에 관하여 너희가 모세의 책 중에 가시나무 떨기에 관한 구절에 하나님께서 모세에게 어떻게 말씀하셨는지 읽지 못하였느냐? 말씀하시기를 '나는 아브라함의 하나님, 이삭의 하나님, 야곱의 하나님이다.' 하셨으니,
27 하나님은 죽은 자들의 하나님이 아니라 살아 있는 자들의 하나님이시다. 너희가 크게 오해하고 있구나."

　부활의 인식에 대해 여전하고 구태한 생물학적 이해에서 한 발자국도 나아가지 못한 사두개인들의 이해로부터 예수는 혁명적인, 그러나 진리인 가르침을 남기셨습니다. 그것은 바로 부활에 대한 이해였습니다.

　그리스도인의 부활은 생명을 향한 부활입니다. 이는 눈에 보이는, 생물학적 부활의 본질적 측면입니다. 인간의 현재는 하나님의 눈에 볼 때 죽어있습니다. 혼과 의지가 살아 있으나 영의 생명력과 감응하지 못하므로 죽어 있는 것입니다. 이 죽음으로부터 우리를 해방해 내신 것이 바로 그리스도 예수입니다. 그리스도 예수가 우리로 하여금 영의 부활, 참 생명의 태동을 체험하게 만든 것입니다. 그러므로 만약 우리가 하나님을 하나님으로 부를 수 있게 된다면, 정말 내 안에 하나님을 느낄 수 있는 그 상태가 구현되고 있다면, 우리는 살아있는 존재들이 되는 것입니다. 하지만 그 반대로 영의 죽음 상태에서 하나님을 부른다면, 그 하나님은 하나님이 아닙니다. 다른 신인 것입니다. 다시 말해 참 하나님을 알아보고 느끼고 감응할 수 있는 유일한 생명의 길은 바로 존재가 숨을 쉬고 있을 때에만 가능합니다.

▌ 12:29~31 - 계명의 본질

> 29 예수께서 대답하셨다. "첫째는 이것이다. '들어라, 이스라엘아. 주 우리 하나님은 유일하신 주님이시니,
> 30 네 마음을 다하고 네 목숨을 다하고 네 뜻을 다하고 네 힘을 다하여 주 너의 하나님을 사랑하여라.'
> 31 또 둘째는 이것이니 '네 이웃을 네 자신처럼 사랑하여라.' 이것들보다 더 큰 다른 계명은 없다."

계명의 존재론적 측면에 대한 개념의 새로움을 담고 있는 예수의 가르침입니다. 하나님에 대한 사랑과 이웃에 대한 사랑, 이 사랑은 추상 명사의 의미론만이 아닌 고유 명사적인 개념을 갖고 있습니다. 이때의 사랑은 우리 삶에서 나타나는 여러 추상적, 실존적 의미에서 체감되는 사랑에 대한 총체적 근원입니다. 그 근원이 곧 우리를 창조하신 하나님의 존재성 그 자체입니다. 그렇다면 근원을 사랑한다는 것은 어떤 행함을 요구할까요? 근원의 사랑은 사랑이신 하나님의 뜻, 그 뜻의 오롯한 담아냄인 그리스도 예수의 가르침과 그 분의 생명력과 하나가 되는 과정 일체를 가리킵니다.

▌12:43~44 - 헌금을 묻다

43 예수께서 자신의 제자들을 불러 그들에게 말씀하시기를
"내가 진정으로 너희에게 말하니, 이 가난한 과부가 헌금함
에 넣는 모든 이들보다 더 많이 넣었다.
44 그들 모두는 풍부한 가운데서 넣었으나 이 과부는 빈궁
한 가운데서 자신의 모든 소유, 곧 자기 생활비 전부를 넣
었다." 라고 하셨다.

예수가 과부의 헌금을 칭송하신 이유를 과부가 생활비
전부를 넣었기 때문에 그 충성도를 높이 평가했다고 보는
경향은 사실상 헌금을 물질적 관점에서만 접근한 패러다
임에서 자유롭지 못한 이해로 봐야 합니다.

예수가 생각하는 헌금은 물질의 많고 적음의 정량적 개
념으로부터 넘어서 있습니다. 개념으로부터 멀어짐이 물
질로서의 헌금의 의미를 퇴색시키진 않으나, 우리가 물질
로서의 헌금을 정량적으로 접근하지 않으면 그것은 헌금
이 아니라고 생각하는 인식으로부터 크게 자유롭지 못한
것이 문제입니다. 예수가 과부의 헌금을 칭송하신 것은
헌금의 개념이 존재의 본질을 잠식하고 있는 상태의 지배
를 받고 있음을 강조했다는 데 더 깊은 의미를 부여합니
다. 사람들이 풍족한 중에 헌금을 했다는 의미는 그들의
재정이 넉넉했음을 지적함이 아니라 그들의 마음 상태에

서 영, 육간의 가난함이 체감되지 못한 상태를 지적하고 있으며, 과부는 적어도 영, 육간의 가난함을 의식했다는 사실에서 과부의 헌금을 의미 있게 본 것입니다.

제7강
그만이다
종말의 예견과 십자가의 길

제7강
그만이다
종말의 예견과 십자가의 길

▌13:3~8 - 재난의 시작

3 예수께서 성전 맞은편 올리브 산에 앉아 계실 때에 베드로와 야고보와 요한과 안드레가 따로와서 묻기를
4 "저희에게 말씀하소서. 이 일들이 언제 있을 것입니까? 또한 이 모든 것들이 이루어지려 할 때에 징조가 무엇입니까?" 하니,
5 예수께서 그들에게 말씀하기 시작하셨다. "아무도 너희를 속이지 못하도록 주의하여라.
6 많은 이들이 내 이름으로 와서 '내가 그리스도이다.' 라고 말하며 많은 이들을 속일 것이다.
7 너희가 전쟁과 전쟁의 소문들을 들을 때에 놀라지 마라. 그런 일이 일어나야하지만, 아직 끝은 아니다.
8 민족이 민족을 대적하여 일어나고 나라가 나라를 대적하여 일어날 것이다. 곳곳에 지진들이 있을 것이며 기근들이 있을 것이니, 이것들은 재난의 시작이다.

예수가 말씀하신 재난, 세상의 끝이란 가르침은 당시 역사 속에서 나타난 예루살렘 멸망을 예언한 것으로 알려져 있습니다. 하지만 예수가 언급한 세상의 끝이란 AD 1세

기의 멸망만을 이야기하지 않습니다. 이는 시간을 넘어서서 오늘을 살아가는 모든 그리스도인에게도 해당되는 메시지로 이해될 수 있습니다.

그러한 메시지의 의도로 본 예수의 언급엔 한 개인의 생명으로의 눈뜸이 일어나게 될 영적 징후들을 언급하고 있음을 동시에 보게 됩니다. 영적 징후의 표징들은 '민족이 민족을, 왕국이 왕국을' 대항하여 일어나는 사태에서도 드러납니다. 민족은 '이방', 즉 '옛 것'에 대한 옹호와 전통성을 언급하며, 왕국은 보이는 세계에서의 통치 질서를 뜻합니다. 옛 것, 즉, 현상과 집단성에 얽매인 것을 완벽한 질서로 인식하지 않을 때, 다시 말해 그것이 옛 것임을 인지하게 될 때 나타나는 현상이 바로 영적 균열입니다. 이 영적 균열이 존재로 하여금 집단으로부터 개인으로, 눈에 보이는 수평적 네트워크로부터 하나님과 인간과의 독자적 만남을 암시하는 수직적 교류, 단독자의 교류로 인도합니다. 그러한 현상은 필연적으로 내 자신을 구성해 온 기존 질서의 균열을 초래합니다. '지진, 기근'은 눈에 보이는 재난의 사건만이 아니라 기존 질서로부터의 단절을 요구하는 참 생명에 눈뜬 개별영성체에게서 나타나는 믿음의 사건으로 볼 수 있는 것입니다. 이 믿음의 사건을 예수는 '재난의 시작'이라 하였습니다. 여기서 언급된 재난의 희랍어 '$\omega\delta\iota\nu\omega\nu$ 오디논'은 '해산의 진통', '생명을 낳기 위해 수반되는 진통'을 뜻합니다. 이런 맥락에서 그리스도인에게 재난의 시작은 도리어 생명을 향해 나아가는 항구적인 생명의 시작으로 다르게 읽어야 할 것입니다.

▎13:12~13 - 끝까지 견디는 자

> 12 형제가 형제를 죽음에 넘겨주고 아버지가 자식을 그렇게 할 것이다. 또한 자식들이 부모를 대적하여 일어나서 그들을 죽일 것이다.
> 13 너희가 내 이름 때문에 모든 이들에게 미움을 받겠으나, 끝까지 견디는 그 자는 구원을 받을 것이다."

주님의 이름 안에서 미움을 받게 되는 것, 형제가 형제를 사망으로 넘기는 사건들은 실제 사건의 이해와 함께, 동시적으로 내 '자아' 안에 자리 잡은 원수와의 분리로 이해할 수 있습니다. 여기서 주님이 최종적으로 언급한 '끝까지 견디는 자'의 개념에 주목할 필요가 있습니다. 예수가 언급한 '끝'은 시간적 의미에만 머무르지 않습니다. 주님의 관점에서 '끝'은 '시작'과 동의어입니다. 끝과 시작이 주님의 생명 시간 안에서 하나의 원형을 이루는 것입니다. 그렇다면 '끝까지' 견딘다는 것은 우리에게 어떤 행함을 요구하는 걸까요? 이는 극기의 신념과 인내를 뜻함만이 아닙니다. 끝까지 견딘다고 했을 때, '견딘다'는 의미의 희랍어 동사 'υπομειvας휘포메이나스'는 '머무름 안에 거한다'는 뜻을 갖습니다. 이는 감정적 인내를 뜻한다기보다 존재가 어느 영역에 머무르는 것이 더 중요하다는 의미를 강조하는 것으로 읽음이 더욱 타당할 것입니다. 그렇다면 이 '끝까지 견디는 것'은 '끝'을 상징하는 시작과 끝, 알파와 오메가인 그리스도 예수의 생명 가르침 안에 머무르는 삶의 지속성을 뜻할 것입니다. 우리의 삶이 삶을 관통하는 그리스도 예수의 시작과 끝을 새롭고, 항구적인 말씀의 사건으로 인식하는 것, 그 자체가 곧 끝까지 견디는 그리스도인의 성숙함을 의미하는 것입니다. 이러한 머무름의 신비를 체감하지 못한 상태에서 인간의 초인적 신념의 강화로 이뤄진 '끝까지 견딘다'는 것은 오히려 신神의 뜻을 알지 못하는 상태에서 신의 뜻을 지키기 위한 또 다른 우상숭배로 전락할 가능성이 농후합니다.

▌13:24~27 - 진멸되는 환란

> 24 "그때, 그 환난 후에, 해가 어두워지고 달이 그 빛을 내지 않으며,
> 25 별들이 하늘에서 떨어지고, 하늘에 있는 권세들이 흔들

> 릴 것이다.
> 26 그때에 사람들이 인자가 큰 권능과 권세로 구름을 타고 오는 것을 볼 것이다.
> 27 그때에 그가 천사들을 보내어, 땅 끝에서 하늘 끝까지 사방에서 그의 선택받은 자들을 모을 것이다."

번역성서에선 '환란 후에'로 번역되어, 모든 환란이 지나간 후에 천체를 상징하는 해와 달, 별이 하늘로부터 무너지고 인자의 임함이 이루어지는 것으로 묘사되어 시간의 종말을 강조하고 있습니다. 물론 우리의 시간 속에서 주님의 재림과 종말이 이루어지는 것은 분명합니다. 하지만 마가복음 13장에서 이야기된 환란의 종국을 말하는 예수는 시간과 물리적 현상으로서의 환란의 파국과 종말만을 언급하지 않습니다. 환란을 통한 세상의 종말은 분명한 역사적 사건이지만 성서에서 나타난 예수 가르침은 이중적입니다. 물리적 종말을 대비하기 위해 궁극적으로 필요한 것은 물리적 종말에 대한 물리적 대비가 아니라 물리적 종말과 함께 지금 이 시간 발현되는 영성의 종말에 대한 이해가 선행해야 한다는 것입니다.

희랍어 원전으로 이 구절을 직역하면 다음과 같습니다.

'그 환란들을 관통한 후에 나타나는 날들 안에서'.

직역으로 보면 환란이 지났다는 이야기보다는 앞서 언

급된 환란들의 의미를 인지한 이후에 받아들이게 되는 영적 감각의 차원 속에서 인자의 임재가 이루어진다는 의미를 강조하고 있음을 보게 됩니다. 즉, 환란이란 눈에 보이는 환란만이 전부가 아니라 우리 그리스도인의 생명추구의 삶 속에서 필연적으로 도출되는 내적 균열과 비본질적 요소와의 결별의 신비가 충만함으로 체화된 이후에 나타나는 부활체, 그 자체로서의 인자의 임함을 체험하게 될 것을 뜻하는 것입니다.

▌13:30~32 - 세대가 지나가기 전에

30 내가 진정으로 너희에게 말한다. 이 세대가 지나가기 전에 이 모든 것들이 다 이루어질 것이니,
31 하늘과 땅은 없어지더라도 내 말들은 결코 없어지지 않을 것이다."
32 "그러나 그 날짜나 그 시각에 대해서는 아무도 모른다. 하늘에 있는 천사들도 모르고 아들도 모르며 아버지께서만 아신다.

'세대가 지나가기 전에 이 일을 다 이룰 것이다'라고 하여 종말에 대한 예수의 가르침을 AD 1세기 예루살렘 멸망 사건으로 보는 견해가 다분합니다. 하지만 이는 예

수 가르침에 담겨있는 보편적이며, 탈역사적 측면을 간과한 해석으로 볼 수 있습니다.

일단 세대에 대한 이해입니다. 여기서 예수가 언급한 세대 'γενεα 게네아'는 어느 한 특정한 시대만을 지칭한다고 보기 어렵습니다. 'γενεα 게네아'의 유래는 산출, 잉태를 뜻하는 'γινομαι 기노마이'란 뜻에서 시작되었습니다. 이 세대는 어느 한 특정 세대에만 국한되는 것이 아니라 모든 존재 각자의 인생, 삶, 존재들이 살아가고 있는 시대 전체를 뜻함이 더 중요합니다. 그런 맥락에서 '이 세대'는 당시의 제자들 자신의 인생일 수 있으며, 오늘 우리의 '인생'일 수도 있습니다. 그렇다면 희랍어 구문을 직역한 '이 모든 일들이 일어날 때까지 결코 이 세대가 지나가지 않을 것이다'라고 말씀하신 뜻의 원의는 무엇일까요?

'이 모든 일들'은 한 개인이 생명의 충만을 인식하고 생명을 향해 나아가는 총체적 과정을 뜻합니다. 그런데, 이 총체적 과정, 즉 생명과 하나가 되는 과정이 일어나는 시간성은 카톨릭의 교리처럼 사후 연옥, 죽은 자의 또 다른 영역에서 일어나는 것이 아닙니다. '이 모든 일들', 생명 사건은 바로 인생의 시간, 과거, 현재, 미래의 시간을 살아가는 오늘 우리의 삶 속에서 일어나는 것입니다. 그러므로 오늘, 우리의 시간은 그리스도인에게 축복입니다. 오늘을 살아가는 우리가 생명의 진통을 경험하고 영적 패러다임에 눈뜨기 위해 갈구하는 모든 몸짓 자체가 축복인 것입니다. 왜냐하면 이 세대가 지나가면 아무 것도 남지 않기 때문입니다. 하늘과 땅으로 묘사된 인간의 헛된 욕망은 세대의 지나감과 함께 소멸되지만 하나님의 말씀은 영원히 남을 것이기 때문입니다. (31절 참고)

▌14:3~9 - 향유의 의미

3 예수께서 베다니에서 나병 환자 시몬의 집에 계시며 식사하실 때에, 한 여자가 매우 값비싸고 순수한 나드 향유 한 옥합을 가지고 와서 그 옥합을 깨뜨리고 그분의 머리에 부었으니,
4 어떤 이들이 서로 분개하여 "어찌하여 향유를 이렇게 허비하는가?
5 이 향유를 삼백 데나리온 이상에 팔아서 가난한 자들에게 줄 수 있지 않겠는가?" 라고 말하며 그 여자를 책망하였다.
6 그러나 예수께서 말씀하셨다. "이 여자를 가만두어라. 왜 너희가 이 여자를 괴롭게 하느냐? 이 여자가 나에게 좋은 일을 하였다.
7 가난한 자들은 항상 너희와 함께 있으니, 너희가 원할 때에 그들에게 잘해줄 수 있다. 그러나 나는 너희와 항상 함께 있지 아니할 것이다.
8 이 여자가 자기가 할 수 있는 일을 하였으니, 이 여자는 장례를 위하여 미리 내 몸에 기름을 발랐다.
9 내가 진정으로 너희에게 말하니, 온 세상에 복음이 선포되는 곳이면 어디에서든지 이 여자가 행한 일도 말하여 이

여자의 행위 속에 담겨 있는 비상식적 측면에 대해 제자들이 격분한 것과 다르게 예수는 오히려 그 행위를 축복하였습니다. 이러한 저간의 이유엔 제자들과 예수사이에 나타난 생각의 극명한 차이를 볼 수 있습니다. 제자들은 예수의 사역이 앞으로도 계속될 것으로 기대했습니다. 제자들은 예수가 자신의 죽음과 부활에 대해 누차 언급했지만, 그에 대해선 묻기도 두려워했고 알고 싶지도 않았습니다. 결국 당시의 제자들은 자신들의 기대 속에서, 욕망 속에서 예수의 역사가 계속되길 기대했던 것입니다. 하지만 그 기대로부터 결별을 고하는 것이 바로 십자가의 길입니다. 여기에 언급된 가난함에 대한 도움은 이중적 의미를 갖습니다. 예수의 관점 속에서 가난함은 계속되는 현실 속에서의 가난함만을 뜻함이 아니라 영적인 가난함을 함께 언급하고 있습니다. 현실 속에서 일어나는 모든 사건들에 대한 상대적 가난만이 아니라 영의 생명으로서 우리 삶에서 일어나는 땅으로부터의 모든 집착을 버리게 만드는 가난의 생명력을 뜻하는 것입니다. 여자의 향유를 붓는 사건 그 자체는 현실의 관점에서 보면 필경 낭비요, 무의미일지 모릅니다. 그러나 예수가 원하는 생명의 관점에서 이 행위는 우리로 하여금 진정한 가난과 참된 생명의 패러다임을 보다 명확히 보게 해주는 생명으로의 몰입을 나타내는 소중한 텍스트로 읽게 될 가능성이 농후합니다.

▮ 14:22~25 – 유월절의 다락방

> 22 그들이 먹고 있을 때에, 예수께서 빵을 들고 축복기도를 하신 후 떼어서 그들에게 주며 말씀하셨다.
> 23 "받아라. 이것은 내 몸이다." 또 잔을 들고 감사기도를 하신 후에 그들에게 주시니, 모두가 그 잔을 마셨다.
> 24 예수께서 그들에게 말씀하시기를 "이것은 많은 이들을 위하여 흘리는 나의 피, 곧 언약의 피다.
> 25 내가 진정으로 너희에게 말하니, 내가 하나님 나라에서 이것을 새것으로 마시는 그 날까지 포도나무에서 난 것을 결코 더 이상 마시지 않을 것이다." 라고 하셨다.

요한복음의 핵심을 이루는 소위 '다락방 강화' 내용이 마가복음에선 짧고 핵심적으로 묘사되어 있습니다. 이 유월절은 곧 그리스도 예수의 희생, 대속의 의미를 예표하고 있습니다. 이 대속은 현재형입니다. 왜냐하면 예수는 제자들에게 자신의 '몸'과 '피'를 말하고 있기 때문입니다.

예수의 살과 피를 먹고 마신다는 영적 성찬의 의미는

무엇일까요? 이는 예수의 희생정신에 대한 기념과 회고만이 아니라 예수 정신을 통한 새로움으로의 몰입을 뜻함입니다. 예수가 우리에게 명령한 생명의 의무는 바로 영원한 새로움의 숨을 쉬는 것, 바로 그것을 뜻함입니다. 그런 맥락에서 예수의 25절 가르침은 우리에게 비교적 선명한 깨달음을 선사해 줍니다. 25절 핵심 구문을 직역해 보면 다음과 같습니다.

'내가 하나님의 나라 안에서 새것을 마시는 그 날 동안엔 포도나무의 열매로부터는 결코 마시지 않을 것이기 때문이다.'

번역성서와 원전번역과는 미묘한 차이가 있습니다. 새것을 마시게 될 때, '포도나무 열매로부터 다시 마시겠다'라는 의미와는 다소 다릅니다. 새것을 마시는 동안에는 '포도나무 열매로부터는 결코 마시지 않겠다.'고 말씀하신 것입니다. 여기서 예수는 자신의 살과 피에 대한 놀라운 영적 통찰을 예견합니다. 포도나무 열매는 실제 우리 눈에 보이는 사물입니다. 예수가 자신의 살과 피를 먹고 마시라고 했을 때, 만약 이 살과 피의 먹고 마심을 눈에 보이는 현상에 국한시켰다면 지금 카톨릭이 말하고 있는 '화체설'이 유효할지도 모릅니다. 하지만 예수는 눈에 보이는 포도나무 열매를 먹고 마시는 것이 생명의 전부가 아님을 분명히 하고 있습니다. 여기서 언급된 예수의 '새

것'은 눈에 보이는 현상을 아우르면서도 동시에 넘어섭니다. 하나님 나라에서의 새것은 먼 미래의 일이 아니라 바로 오늘 우리의 삶 속에서 일어납니다. 우리의 삶, 우리의 말이 과거와 아무 차이가 없어 보여도, 우리 마음속에서 예수의 생명이 말씀의 인식, 신인식神認識을 통해 깨어나게 되면 그것이 바로 우리를 새로움의 지평으로 인도하는 것입니다. 그렇기 때문에 우리의 삶이 그리스도 예수를 향해서 깨어있을 때, 우리의 먹고 마시는 것, 어떤 일이든지 하나님의 영광을 위한 '새것'의 반열 속에서 이해될 수 있을 것입니다.

▌14:27~28 - 해체와 응집

> 27 예수께서 그들에게 말씀하셨다. "너희 모두가 배반할 것이다. 기록되어 있기를 '내가 목자를 칠 것인데, 그러면 양들이 흩어질 것이다.' 라고 하셨기 때문이다.
> 28 그러나 내가 살아난 후에 너희보다 먼저 갈릴리로 갈 것이다.

27절에서 예수는 '목자가 양을 흩어지게 하는 사건'의 필연을 강조합니다. 왜 기록자는 목자가 양을 산산이 흩어지게 하는 해체의 필연을 강조한 것일까요. 이것이 바로 마가복음이 의미하는, 더 나아가 신약성서가 줄기차게 주장해 온 해체의 영성, 개별영성으로의 헤쳐모여를 상징하는 대표적인 구절입니다.

제자들은 지금 이 상태로 예수를 신봉하고 싶지만 예수에겐 모든 이에게 생명을 허락하기 위한 십자가 대속사건이 기다리고 있었습니다. 하지만 당시 제자들은 십자가 사건을 이해하려 하지 않습니다. 그들은 계속된 집단성 속에서 예수를 메시아로 옹립시키고 싶어 안달이 나 있었습니다. 바로 그러한 맥락에서 예수는 제자들, 오늘 우리 마음속에 똬리를 틀고 앉아 있는, 집단성, 눈에 보이는 질서, 피라미드적 응결체로서의 집단성을 해체하는 참생명을 위한 해체의 역설을 선포하신 것입니다.

그러나 이 해체는 무질서의 머무름이 아닙니다. 28절에서 예수는 존재들을 무질서과 혼돈에 방치해두는 것이 아니라 전혀 새로운 상태에서의 다시 모임을 약속하고 있습니다. 이는 기성 집단성으로부터의 결별이 이루어지고 개별성으로서의 조우하게 되는 신성과의 단독자적 만남을 통해 신성과의 교류를 수평적으로 나누는 새로운 생명 공동체, 개별영성으로 하나가 된 새로운 공동체인 교회의 시작을 예고하는 것입니다. 이것이 바로 참 부활생명에 참여하는 이들의 영적 질서로 볼 수 있습니다.

이 새로운 공동체에 대한 이해가 결여되었던 당시의 베

드로를 보시기 바랍니다. 그는 필사적으로 자신은 예수를
부인하지 않을 거라 말했지만, 결국 예수를 세 번 부인하
는 참람함을 자행하고 말았습니다. 새로움을 얻기 위해서
집단성으로의 목자의 像을 부수는 창조적 파괴가 필요
한 이유가 바로 여기에 있습니다.

▌14:38~41 - 그만이다

38 시험에 들지 않도록 깨어 기도하여라. 영은 원하지만, 육
신이 약하구나."
39 예수께서 다시 나아가서 동일한 말씀으로 기도하시고
40 다시 오셔서 그들이 자고 있는 것을 보셨으니, 그들의
눈이 피곤하였기 때문이다. 그들이 어떻게 예수께 대답해야
할지 몰랐다.
41 예수께서 세 번째 오셔서 그들에게 말씀하시기를 "이제
는 자고 쉬어라. 그 정도면 충분하다. 그 시각이 왔다. 보아
라, 인자가 죄인들의 손에 넘겨지게 된다.

세 번째 제자들에게 오셨을 때, 예수는 더 이상 제자들
을 채근하지 않았습니다. '그만이다'라고 말씀하셨습니다.
이는 체념도, 부정도, 포기도, 그 무엇도 아닙니다. 이는
세 번째 오신 그리스도의 생명 안에서 맞이하게 될 생명
의 절정을 뜻함입니다.

'그만이다'로 번역된 희랍어 동사 '$\alpha\pi\varepsilon\chi\varepsilon\iota$ 아페케이'는 '충분하다', '충만하다'의 뜻을 갖습니다. 주님의 '때'가 임재한 이 순간, 하나님의 말씀과 하나를 이루어내는 순간 우리는 '그만이다'의 생명력 안에서 안식하게 됩니다. 그런데 예수의 이 가르침은 오늘 우리 그리스도인에게 시사하는 역설의 의미가 담겨 있습니다. 예수가 말한 '그만이다'의 쉼은 곧 오늘 그리스도인의 단 하나의 '행함'이 됩니다.

'쉼'은 행위의 멈춤이 아닙니다. 이 '쉼'은 우리를 지배해 오던 '자기 의지'와 '자기 신념'으로서의 한계로부터의 결별을 고하는 쉼 없는 쉼, 충만한 쉼입니다. 이 쉼이 가능할 수 있는 것은 우리 안에 생명의 근원으로서 좌정하신 그리스도 예수의 영, 성령이 있기에 가능합니다. 이 쉼을 살아내는 것이 곧 영적 안식일을 지키는 것이며, 참 그리스도인으로서 살아가는 것입니다.

제8강
오늘, 서글픈 우리들의 왕
십자가의 길과 부활의 의미

제8강
오늘, 서글픈 우리들의 왕
십자가의 길과 부활의 의미

▌ 15:11~15 - 바라바와 예수

11그러나 대제사장들이 무리를 충동하여 도리어 바라바를 놓아 달라 하게 하니
12 빌라도가 또 대답하여 가로되 그러면 너희가 유대인의 왕이라 하는 이는 내가 어떻게 하랴
13 저희가 다시 소리지르되 저를 십자가에 못 박게 하소서
14 빌라도가 가로되 어찜이뇨 무슨 악한 일을 하였느냐 하니 더욱 소리지르되 십자가에 못 박게 하소서 하는지라
15 빌라도가 무리에게 만족을 주고자 하여 바라바는 놓아주고 예수는 채찍질하고 십자가에 못 박히게 넘겨 주니라

무리들에겐 분명 변명의 여지가 있습니다. 대제사장으로 대표되는 기득권층이 선동했다고 말입니다. 하지만 그 선동의 휘말림으로 인해 참 하나님의 아들을 못 박히게 되었습니다. 광의적 의미에서 십자가의 죽음이 하나님 섭리의 성취였다고 말한다 하더라도 무고한 자의 십자가 죽음의 책동행위는 결코 면죄 받지 못할 것입니다.

변명의 여지가 다분함에도 불구하고 여기, 무리들은 분

명 집단영성의 광기에 연루된 뿌리 깊은 혐의로부턴 자유롭지 못합니다. 무리들의 만족을 위해선 보편적으로 나타난 선이 악이 되기도 하고, 불합리, 비상식이 합리와 상식의 탈을 뒤집어쓰기도 합니다. 참 그리스도인은 항구적인 새로움, 그리스도와의 일대 일로서 만나는 단독자적 교류 상태를 항상 유지해야 합니다. 그리스도와의 일대 일의 만남을 뿌리로 하는 집단이 참 교회 공동체로 변모될 것입니다. 이것이 예수 대신 바라바를 석방시키는 집단영성에 기반을 둔 정서적 의미로서의 포퓰리즘으로부터 탈주하는 길입니다.

▌15:17 - 가시면류관

> 17 예수에게 자색 옷을 입히고 가시 면류관을 엮어 씌우고

면류관은 한 존재를 에워싸는 존재를 규정짓는 신분적 위치, 소속을 상징하는 의미에서 유래되었습니다. 존재는 자신이 불려지기 바라는 소속성이 항상 상대적 기준에서 우위를 점하길 원합니다. 상승을 향한 욕망은 자본주의에선 돈으로 귀결되고, 이념을 중시하는 사회에선 명예로

귀결됩니다. 예수는 자신의 생, 소속을 상징하는 면류관을 가시 면류관으로 갈무리하였습니다. 이 면류관이 오늘의 그리스도인이 가지고 가야 할 단 하나의 소속, 신분적 위치입니다. 이 소속은 온전히 탈소속적입니다. 가시 면류관은 세속을 향한 철저한 역설이기 때문입니다.

▌15:27~32 - 진정한 강도

27 강도 둘을 예수와 함께 십자가에 못 박으니 하나는 그의 우편에, 하나는 좌편에 있더라 (28 없음)
29 지나가는 자들은 자기 머리를 흔들며 예수를 모욕하여 가로되 아하 성전을 헐고 사흘에 짓는 자여
30 네가 너를 구원하여 십자가에서 내려오라 하고
31 그와 같이 대제사장들도 서기관들과 함께 희롱하며 서로 말하되 저가 남은 구원하였으되 자기는 구원할 수 없도다
32 이스라엘의 왕 그리스도가 지금 십자가에서 내려와 우리로 보고 믿게 할찌어다 하며 함께 십자가에 못 박힌 자들도 예수를 욕하더라

마태, 누가복음에선 십자가 좌, 우편에 달린 강도에게 한 사람은 구원의 기회, 다른 이에겐 심판의 기회를 부여하는 여지를 제공했습니다. 하지만 마가복음에선 일관되게 강도 그 자체로 묘사되었습니다. 마가복음의 의도는

단순하면서도 강력합니다. 가시면류관이 그러했듯 십자가 역시 역설의 극치입니다.

오늘날 십자가가 범사에서의 승리와 쟁취의 상징물로 여겨지지만 사실상 십자가는 하나님의 아들을 흉악한 범죄자로 취급하는 무리들, 기득권층의 집단영성이 빚어놓은 가장 수치스런 인간의 내면입니다. 십자가 위에 매달린 강도들이 자신과 같이 무력한 모습을 보이는 예수를 욕하는 것과 같이 예수가 십자가를 감당한 것은 우리 인간으로 하여금 더 이상 외면할 수 없는 존재의 궁극을 보게 만들었던 것으로 볼 수 있습니다. 존재가 더 이상 피할 수 없는 궁극과 마주하는 그 순간 복음은 태동합니다. 지금까지 예수의 십자가 외에 존재의 본질을 관통하는 장면은 출현되지 않았기 때문입니다.

▌15:34 - 철저한 인간, 철저한 하나님

> 34 제 구시에 예수께서 크게 소리지르시되 엘리 엘리 라마 사박다니 하시니 이를 번역하면 나의하나님 나의 하나님 어찌하여 나를 버리셨나이까 하는 뜻이라

엘리 엘리 라마 사박다니는 철저한 인간으로서의 고백이며, 인간의 편에 선 하나님을 향한 항변입니다. 유한의

시간을 살아내는 인간은 유한을 살아가면서 무한을 갈망하는 그 자체로서 모순적 존재입니다. 이 모순을 극명히 드러낸 것이 예수의 인간으로서의 죽음 직전의 항변이며, 이 항변으로 인해 도리어 역설적으로 창조주, 무한자가 유한의 세계와 불가항력적으로 관계 맺고 있음을 나타낸 말씀의 성취가 가능케 되었습니다. 즉, 오늘 우리에게 주어진 유한의 시간, 유한의 고통의 인지가 도리어 영원하신 하나님의 생명과 하나가 될 수 있는 축복의 시간임을 깨닫게 되는 것입니다.

▌16:4~6 – 청년과 천사

> 4 눈을 들어 본즉 돌이 벌써 굴려졌으니 그 돌이 심히 크더라
> 5 무덤에 들어가서 흰 옷을 입은 한 청년이 우편에 앉은 것을 보고 놀라매
> 6 청년이 이르되 놀라지 말라 너희가 십자가에 못 박히신 나사렛 예수를 찾는구나 그가 살아나셨고 여기 계시지 아니하니라 보라 그를 두었던 곳이니라

마가복음에서 두 마리아에게 나타나 나사렛 예수를 이야기한 존재는 청년으로 기술됩니다. 그런데, 이 청년의 소식 증거가 마태복음에선 천사로 발전합니다. 청년은 땅

의 인간을 상징하는데, 천상의 존재를 상징하는 천사로 발전된 이 텍스트가 의미하는 것은 예수 부활의 증거가 하나님 말씀의 연속선상에선 필연의 사건임을 입증하는 것입니다. 천사로 번역된 희랍어 '$\alpha\gamma\gamma\varepsilon\lambda\rho o\varsigma$앙겔로스'는 천상적인 하늘의 존재를 가리키는 단어임과 동시에 전달자, 파송자란 의미로도 사용됩니다. 청년으로 번역된 마가복음에선 예수의 부활사건이 하나님의 뜻, 말씀의 성취임을 입증한 사실에 대한 전달임을 분명히 한 것입니다.

▌16:12 - 다른 모양의 그리스도

> 12 그 후에 저희 중 두 사람이 걸어서 시골로 갈 때에 예수께서 다른 모양으로 저희에게 나타나시니

부활한 그리스도의 모습이 다른 모양으로 나타났다는 이 증언은 부활한 그리스도가 외형적으로 다르게 나타났다는 의미라기 보단 그 분의 형체 자체가 이제 부활체, 영체의 모습으로 구현되었다는 사실의 강조로 볼 수 있습니다. 누가복음에선 병행 구절로 알려진 이 구절이 엠마오의 두 제자로 표현되고 있습니다. 엠마오의 두 제자는 처음, 외형적 형체로 상관하던 순간엔 예수를 그리스도로

알아보지 못했습니다. 그러다 그리스도의 말씀, 구약의 예언이 실제적인 능력의 현현으로 읽혀지면서 예수를 그리스도로 인식하기 시작했습니다.

오늘의 우리 역시 마찬가지입니다. 복음서, 성서 텍스트의 외형을 통해 피상적으로 인식된 예수를 넘어서 예수의 그리스도 되심에 대한 철저한 기록, 그 생명력의 심연으로 들어서면 들어설수록 우리의 존재 자체가 다른 모양으로 변화되는 변화체, 부활체의 신비와 함께 하는 것이며, 우리 존재 안에 부활의 씨앗이 자라나면 자라날수록 더욱 확연하고 친밀하게 우리 안의 다른 모양, 항구적인 새로움인 그리스도의 진면목을 발견하게 되는 것입니다.

▌16:17~18 - 믿는 사람들에게 따르는 표적

> 17 믿는 자들에게는 이런 표적이 따르리니 곧 저희가 내 이름으로 귀신을 쫓아내며 새 방언을 말하며
> 18 뱀을 집으며 무슨 독을 마실찌라도 해를 받지 아니하며 병든 사람에게 손을 얹은즉 나으리라 하시더라

귀신을 쫓고 새 방언을 말하고 뱀을 집고 무슨 독을 마셔도 해를 입지 않을 거란 예수의 이 단언은 오늘날 공염불에 그친 것일까요. 그렇지 않습니다. 예수의 전승으로

알려진 이 텍스트는 현대신학자들이 이야기하는 것처럼 난외주, 혹은 삽입 텍스트 정도로 의미가 격하되는 것이 아니라 이적의 콘텐츠가 담고 있는 의미에 대한 새로운 인식을 요구합니다.

독, 새 방언, 축사, 뱀을 집는 이 모든 행위가 시대, 문화를 막론하고 보편적 능력으로 현현되는 사건의 도래를 가능케 한 것은 이 가르침의 중심을 관통하고 있는 표적이 존재하기 때문인데, 이 표적은 존재론적으로 이해되어야 타당합니다. 표적은 그리스도 예수 그 자신입니다. 표적이 따른다는 것은 오늘 우리 그리스도인의 말과 정신 속에 그리스도의 생명력이 함께 한다는 사실입니다. 그 생명 현현의 과정에서 보편적 의미로 확산되는 축사, 독의 유무로부터의 초월, 새 방언의 역사가 수반되는 것입니다.

참고한 도서

- Aland, B/Aland,K./Mink, G./Wachtel,K,(edd.). Novum Testamentum Graecum: Editio Critica Major,Ⅳ: Die katholischen Briere, 1. Lieferung: Der Jakobusbrief, Stuttgart: Deutsche Bibelgesellschaft, 1997; 2. Lieferung: Der zweite und dritte Johannesbrief, 2005
- Crossan, John D. The Historical Jesus: The Life of a Mediterranean Jewish Peasant. SanFrancisco: Harper, 1991. Derrida, Jacques. "Violence and Metaphysics." Writing and Difference: An Essay on the Though of Emmanuel Levinas, 79-153. Chicago: University of Chicago Press, 1978.
- 노만 페린. 『새로운 신약성서개론』. 서울: 한국신학연구소, 2007.
- 데이빗 로즈/ 양재훈 옮김 『이야기마가(복음서 내러티브 개론)』. 서울: 이레서원, 2007.
- 장보웅(편저). 『흐레마 성경』. 서울: 쿰란 출판사, 2006.
- 이선호(편저). 『스테판 헬라어 원어성경』. 서울: 원어성서원, 1997.
- 폴 렌지. 『마가복음』. 서울: 백합출판사, 1996.